三夏時今也五年九年
爲東門以讀志故久隨
君乃絶慮隱娛從之竟無
故事則已去就學浮石山
素志使欲續者創受欽
目苦行難行行之必成
一自人大患猶爲師强厥慧承
攸能逸是貴使信罪者三者營
果條無言爲徒究傳發已因

韓國金石文集成(11)

新羅7 碑文7(解說篇)

金福順 編著

韓國國學振興院
青溟文化財團

목 차

일러두기

1. 본서는 『韓國金石文集成』의 제11권으로 신라의 鳳巖寺 智證大師塔碑 1점을 수록하였다.

2. 본서에 수록된 비문의 탁본 중 앞면은 성균관대학교 박물관 소장 자료이고, 음기는 한국국학진흥원 소장 자료이다.

3. 본서는 해설편과 도록편의 두 부분으로 나뉘어 있으며, 해설편 부분은 가로쓰기를 하였으나, 도록편 부분은 가능한 한 원래의 모습대로 제시하기 위하여 세로쓰기를 원칙으로 하였다. 따라서 책의 체제는 해설편은 橫書 左綴이며, 도록편은 縱書 右綴이고, 그 사이에 間紙를 넣어 구분하였다.

4. 본시의 도록편 부분에는 비문의 탁본을 원래 크기대로 수록하였는데, 읽기 편하도록 비첩형식으로 편집하였다. 그리고 전체 탁본을 축소하여 도판의 첫머리에 제시하였다.

5. 해설편에는 간략한 해제와 함께 원문과 번역문을 싣고, 참고문헌을 제시하였다.

6. 해설편의 원문은 도판을 기준으로 작성하였으나, 연구자들 사이에 이견이 있는 글자가 있어 이를 판독대조표를 통해 제시하였다.

7. 원문에서 판독할 수 없는 글자는 '□'로 표시하였고, 추독·보완한 글자는 괄호 안에 표기하였다.

鳳巖寺 智證大師寂照塔碑

1) 解題

「지증대사적조탑비」는 원 위치인 문경 봉암사에 자리하고 있다. 국보 315호로 원래 보물 138호였다가 2009년 12월 국보로 승격되었다.

비문은 885년에 헌강왕이 최치원에게 비문을 짓도록 명하였으나, 실제 찬술된 것은 893년인 진성여왕 7년의 일이었다. 하지만 비문이 완성된 뒤에도 비를 세우지 못하다가 30년이 지난 924년에 건립되었다. 신라 경명왕 8년, 고려 태조 7년의 일이다. 글씨는 분황사의 스님인 혜강(慧江)이 쓰고 새겼는데, 당시의 나이가 83세였다.

이 비의 비석 돌은 남해에서부터 이운해 온 것으로, 남한지역의 비석 가운데 으뜸이라고 평가되고 있다. 이몽유가 찬한 봉암사 「정진대사비명(靜眞大師碑銘)」에 의하면, "지금 사찰 안에는 옛 선사(지증대사)의 법갈(法碣)이 있으니, 이는 신라 말 전(前) 진사(進士)인 최씨 성의 이름이 치원인 자가 찬술한 글이다. 그 돌도 남해로부터 왔는데, 지금에 이르러서도 말이 많으니 역사(役事)는 기방을 일으키는 연고이다"[1]라고 하였다. 이 비석 돌을 남해에서 경북 문경의 봉암사까지 옮겨오기 위하여 많은 인부들이 동원되었을 것이고, 그로 인한 원성이 몇 십 년이 지난 당시까지도 남아 있었던 것을 알려주는 내용이다. 그럼에도 불구하고 정진대사 긍양의 비석 돌을 구하기 어려워 남해의 해변인 여미현(汝湄縣), 즉 전남 화순에서 채취하여 배편으로 운반해 오도록 하였는데, 그 수고비를 계산하니 천만 냥만 드는 것이 아니지만 임금의 재가를 받아 시행하려 하다가 희양산 기슭에서 돌을 구하여 중지시킨 바 있다. 이때가 고려 광종 16년인 965년 무렵임을 감안할 때, 지증대사비가 세워진 924년에 남해에서 문경까지 비석돌을 운반할 수 있었다는 사실은 곧 이 비를 건립하는 주체들이 큰 권력을 가지고 있었음을 의미하는 것이다.

비의 건립은 원주대덕 능선(能善), 통준(通俊) 등이 주도하였고, 단월로는 소판 아질미(阿叱彌), 가은현 장군 희필(熙弼) 등이 후원하였다. 아질미는 견훤의 아버지인 아자개로 비정

1) 이지관 편, 1994, 『교감 역주 역대고승비문』 2-고려편1-, 508쪽; 한국역사연구회편, 1996, 「봉암사 정진대사 원오탑비」 『역주 나말여초금석문』하, 혜안, 367-368쪽.

되는 인물로, 이미 918년 이후 고려에 귀부해 있었다. 가은현은 신라 경덕왕대 이후 가선현(加善縣)으로 불렸던 곳인데, 고려 초에 개명된 명칭이다. 결국 가은현 지역이 고려의 수중에 들어간 후 이 비가 건립된 것을 알려주는 명칭이며, 가은현 장군 희필은 고려와 관련이 있는 인물로 보인다. 원주대덕 능선은 이 지증대사적조탑비 외에도 944년에 흥녕사 징효대사탑비(興寧寺 澄曉大師塔碑)에 사주(寺主)로 나오는 인물이다. 그는 935년 6월 견훤이 귀부할 의사를 알려왔을 때, 고려에서 나주로 보낸 사절단의 한 사람으로 나오는 능선(能宣)과 같은 인물일 가능성이 크다.2)

비문의 찬술은 최치원이 하였지만, 비문의 건립은 고려 측에 가담하고 있던 원주대덕 능선과 견훤의 아버지 아자개, 가은현 장군 희필 등에 의해 진행된 것이다. 이들이 많은 인부들을 동원하여 남해에서부터 비석 돌을 문경으로까지 옮기게 한 것이다. 당시 경명왕과 고려 태조가 우호적인 관계에 있었다고 하더라도, 이러한 일이 신라 땅에서 진행되었다는 것은 이미 고려의 세력이 신라에 미친 양상을 짐작하게 해 준다.

그렇다면 왜 이 시기에 비의 건립이 진행된 것일까.

그것은 924년부터 935년 사이에 이 봉암사 일대가 후백제와 고려가 일진일퇴의 공방전을 벌인 곳이라는 사실과 관련이 있어 보인다. 고려 측에서는 924년 6월 비의 건립을 마쳐 놓고, 다음 달인 7월에 중국 유학을 끝내고 신라로 돌아오는 긍양(兢讓)을 봉암사에 초치하고자, 비의 건립과 함께 사찰의 정비를 서둔 것으로 보인다. 당시 후삼국의 지도자들은 인심귀복을 위해 이름난 선승들을 서로 모셔가고자 하였다. 고려는 긍양을 머물게 하면서 이곳을 확보하려고 했던 측면이 있었다. 그러나 긍양은 공주 서혈원에 머물다가 강주 백엄사에서 10년 간 주석하였고, 935년이 되어서야 이곳에 왔다.3)

그 사이 봉암사 지역은 많은 고난을 겪었는데, 926년 후백제가 웅진방면으로 진격함으로써 후백제 영역이 되었다가, 927년 고사갈이성 성주 홍달 등 주변의 여러 성주들이 고려에 귀순함으로써 다시 고려에 속하게 되었던 것이다. 하지만 930년 후백제가 다시 이 지역을 공격함으로써 봉암사는 거의 폐허화되어 버렸다. 935년 긍양이 봉암사에 도착했을 때 주변 지역과 사찰은 거의 절반 이상 타버리고 지증대사비와 철불만 남아 있었다고 한다.

이 비문의 주인공인 지증대사 도헌(道憲, 824~882)은 신라의 왕경에서 헌덕왕 10년인 824년에 태어났다. 속성은 김씨이다. 신장이 7자가 넘었고 얼굴이 1자가 되었다고 할 정도로 풍채가 좋고 언사가 호방하였으므로 위엄이 있으면서도 사납지 않은 사람이라 일컬어졌다. 그는 태어나기 전부터 불교와는 숙세의 인연이 있었던 것이 강조되고 있다. 즉 어머니 꿈에 전불시대에 과보를 받았던 승려가 업보가 끝나 인연을 맺고자 오겠다고 한 것이었다. 어머니 이씨가 꿈을 꾸고 400일 만에 대사가 태어났다. 832년인 흥덕왕 7년에 아버지를 여

2) 김복순, 2009, 「고려의 최치원 만들기」 『신라문화』32, p.81

3) 이인재, 2005.12, 「선사 긍양(878~956)의 생애와 대장경」 『한국사연구』131, 172-176쪽.

의고 몰래 부석사에 가서 수학하였다. 어느 날 자꾸 불안하여 자리를 옮겨 앉았는데 어머니가 편찮으시다는 말을 듣고 집에 돌아왔으나, 그만 대사가 병에 걸려 눕게 되었다. 의원에게 보여도 효험이 없었고, 다만 대신(大神)인 부처에 속하게 하라는 것이었다. 어머니는 꿈을 생각해 내고 병이 낫는다면 출가를 시킬 것을 맹세하였다.

이렇게 출가의 이유로 숙세로부터의 인연을 강조한 것은 당시 신라사회에 불교의 윤회설이 수용되어 있었음을 보여주는 것이며, 최치원이 대사의 6가지 기이함 가운데 효감을 세 번째로 드는 이유이기도 하다. 즉 염려하는 모친을 깨닫게 하고 끝내 자신의 뜻을 이룸으로써 효와 선을 다 아름답게 한 진정사 이래의 신라 효선쌍미(孝善雙美)의 전통을 보여준 것이다.

17세인 840년, 문성왕 2년에 경의(瓊儀) 율사로부터 구족계를 받은 후, 보현보살의 수기를 받고 고행을 하여 주변을 감동시키기도 하였다. 그 후 엄군(嚴君)으로 지칭된 혜은(慧隱)으로부터 선을 전수받았는데, 중국 선종의 4조인 도신에 그 법맥을 두고 있는 것으로 최치원은 기록하였다. 즉 도신-법랑-신행-준범-혜은-도헌-양부의 계보이다. 그런데 935년 이후 이 곳 봉암사에 거주하게 된 긍양은 양부(楊孚)에게서 법을 받은 후 중국에 유학하여 남종선의 청원행사(青原行思)를 이은 곡산 도연(谷山 道緣)의 법을 받아왔다. 이에 희양산문의 법계 변조가 운위되기도 하는데, 이는 신라 말 고려 초의 선종이 남종선 일색으로 변화해 가는 모습을 보여주는 것이라고도 할 수 있다.

지증대사 도헌은 계람산 수석사에 거주하면서 교화를 하였는데, 이름이 널리 알려지자 경문왕이 불렀으나 나아가지 않았다. 864년인 경문왕 4년에 단의장옹주가 현계산의 안락사에 주석해 주기를 청하자, 자리를 옮겨 주석하였다. 그리고 자신에게 도첩을 주어 승려가 되게 한 한찬 김의훈공을 위해 철불상을 주조하여 시은을 갚고 있다. 867년 단의장옹주가 안락사 남쪽의 농장과 노비문서를 대사에게 시납하므로 안락사에 소속시키고, 879년에는 자신도 왕실 소속의 장(莊) 12구(區) 전(田) 500결의 토지[4]를 안락사에 소속시킬 것을 왕손인 한찬 김계종과 집사시랑 김팔원, 김함희, 정법사 대통 석현량에게 질의하자, 헌강왕이 이를 윤허하고 남천군 승통 훈필을 파견하여 별서(別墅)를 표시하고 금살표를 세워 정장(正場)을 구획해 주었다. 그 후 호족인 심충이 희양산에 있는 땅을 시주하자, 도헌은 그곳에 봉암사를 창건하고 철불상 2구를 주조하여 봉안하였다. 이에 헌강왕은 881년(헌강왕 7)에 전안륜사 승통 준공과 숙정대의 사(史)인 배율문을 보내 봉암사라 사액하고 강역을 정해 주었다.

이후 도헌은 헌강왕의 부름에 나아가 왕경의 선원사에 머물면서 왕을 위해 월지궁(月池宮)에서 설법도 하였고, 망언사(妄言師)가 되었으므로, 대사의 칭호를 갖게 되었다. 도헌대

4) 장 12구의 전 500결로 보기도 하고, 장 12구와 전 500결로 보기도 한다.

사는 882년인 헌강왕 8년 12월 18일에 입적하였다. 임시 빈소를 현계산 안락사에 설치하였다가, 1년 후에 희양산 봉암사로 옮기어 장례를 행하였다. 헌강왕이 지증이라는 시호와 적조라는 탑호를 내렸다.

헌강왕은 885년 신라로 돌아온 최치원에게 비문을 짓게 하였다. 그러나 헌강왕에 이어 정강왕도 서거하였으므로 결국 8년 만인 진성여왕 대에 이르러서 완성할 수 있었다. 그 사이 최치원은 반복하여 글을 다듬어 6이(異)와 6시(是)로 그 내용을 정리하였다.

최치원은 비문의 서(敍)에서 불교가 동쪽으로 중국에 전해진 유래를 여러 기이한 사적들을 들어 언급하고, 우리 삼국에 불교가 전해진 사실을 백제의 소도 제의, 서진의 담시가 고구려에 오고 아도가 신라에 온 것, 양무제와 법흥왕, 이차돈의 순교 등으로 들고 있다. 그리고 불교의 교학이 소승에 이어 대승불교가 신라에 이르고, 계율과 교학불교가 성한 양상을 장황히 설명하였다. 또한 821년 도의선사가 신라에 와서 선법을 전하자 마구니의 말을 한다며 배척하여 북산인 설악산 진전사에 은거한 사실을 쓰고, 홍척대사 이후 선종의 흥기를 기록하였다. 이들 가운데 이름 있는 이들을 들고 있는데, 먼저 중국 땅에 그대로 머물러 서화(西化)한 이들인 정중 무상, 상산 혜각, 익주 김, 진주 김을 들고, 신라로 온 이들로 도의, 홍척, 혜철, 혜목, 지력의 문, 혜소, 충언, 각휴, 범일, 무염 등을 들었다. 이는 우리나라 불교의 전래사를 기록한 것으로 유명하며, 이렇게 중국이나 인도에 가지 않고도 상보를 얻은 이들이 있는데, 그 가운데 한 사람이 바로 지증대사임을 밝힌 것이다.

최치원은 자신의 기본 철학이라고 할 수 있는 유, 불, 도 3교의 융회적인 태도를 특히 이 비문에서 많이 거론하고 있는데, 이를 서의 초두에 내세웠을 뿐 아니라 경문왕을 3교에 융회한 인물임을 강조하고 있기도 하여 당시 신라의 상황을 전하였다.

그런데 최치원의 직함을 기재하는 방식이 이전의 3개의 비문과는 다르다는 사실이 주목된다. 즉, 지증대사비문에 나오는 "入朝賀正兼 迎奉皇花等使 朝請大夫 前守兵部侍郎 充瑞書院學士 賜紫金魚袋 臣 崔致遠"의 호칭은 다음의 사산비명 가운데 다른 비문의 표현과는 현격히 다르다.

지증대사비 : "入朝賀正 兼 迎奉皇花等使 朝請大夫 前守兵部侍郎 充瑞書院學士 賜紫金魚袋 臣 崔致遠"
진감선사비 : "前西國都統巡官承務郎侍御史內供奉賜紫金魚袋 臣崔致遠 奉敎撰"
대숭복사비 : "前西國都統巡官承務郎侍御史內供奉賜紫金魚袋 臣崔致遠 奉敎撰"
낭혜화상비 : "淮南入本國送國信詔書等使 前東面都統巡官承務郎侍御史內供奉賜紫金魚袋 臣崔致遠 奉敎撰"

이에 주목한 이들은 신라 하대에 어대제(魚袋制)가 실시된 것으로 보는 방증자료로 삼기도 하였으나, 이는 924년에 비문을 건립할 때 건립주체에 의해 변개된 것으로 추측되기도 한다. 즉 885년 비의 작성을 명 받은 후 8년 만인 진성여왕 7년(893)에 완성된 글을 30년 후인 924년에 비로 세웠다는 사실과 '有唐'을 '大唐'으로, '淮南入本國送國信詔書等使'를 '皇花等使'로, '承務郎 侍御史 內供奉'을 '朝請大夫'로, '知瑞書院學士'를 '充瑞書院學士' 등의 문투로 바꾸어 쓰고 있다는 점은, 비를 세우는 측에서 손을 보았다는 것을 알려주는 사실이라고 하겠다.5)

최치원이 지은 3선사 1사의 비명은 『고운선생문집』에 비로 분류되어 실려져 왔지만, 통칭 『사산비명(四山碑銘)』이라 하여 함께 묶어서 전해져 왔다.6)

이 비명의 번역은 최준옥이 편한 『국역 고운선생문집』7)에 홍진표, 성낙훈, 변각성, 최병헌 등이 각기 한 개씩의 비문을 번역한 것이 최초라고 할 수 있다. 이후 이지관의 『교감역주 역대고승비문』8)에 여타의 신라고승들의 비문들과 함께 교감 역주되었고, 이우성이 『신라 사산비명』9)으로 교역하였으며, 봉암사 동암의 정광이 편집한 『지증대사비명소고』10)에 봉암사와 관련 있는 다른 2개의 비문과 함께 원문과 번역문, 그리고 비문의 탁본을 부록으로 하여 출간되기도 하였다. 그리고 한국고대사회연구소 편의 『역주 한국고대금석문』11)과 최영성의 『역주 최치원전집』12), 이상현이 옮긴 『고운집』13)까지 많은 역주본들이 쏟아져 나왔다.

이는 최치원의 난해한 문장을 해석하려는 학자들의 끈질긴 노력의 결과이기도 하지만, 그의 저술이 가지고 있는 사료적 가치에 대해 많은 이들이 공감하고 필요로 하고 있기 때문으로 보인다.

그런데 「지증대사비문」의 몇몇 본들을 서로 대조하고 비교해 보면 그 나름대로의 특징적인 양상이 있음을 알 수 있다. 특히 『조선금석총람』에 나오는 「문경 봉암사 지증대사적조탑비」는 탁본 자료로서 활자화된 내용이기 때문에 많은 이들이 지표로 삼아왔다. 그러나 조선시대 주석본 등 다른 자료와의 전체적인 비교는 없었다. 그래서 각안주의 「지증대사비명」과 고운선생문집의 「지증화상비명」을 『조선금석총람』의 것과 대조해 보고, 최근 역주된 2-3개본도 함께 비교해 보는 것이 필요하다는 생각을 하게 되었다. 이들 「지증대사비문」의

---

5) 김복순, 2009, 위의 논문, 82쪽.

6) 김지견, 1994, 『四山碑銘集註를 위한 연구』, 한국정신문화연구원, 5쪽에 의하면, 그가 당시 수집한 본만도 14종이라고 하였다.

7) 최준옥 편, 1982,『국역 고운선생문집』하, 보련각, 145-271쪽.

8) 이지관, 1993, 『교감역주 역대고승비문』 1-신라편-, 가산불교문화연구원.

9) 이우성 교역, 1995, 『신라 사산비명』, 아세아문화사.

10) 봉암사 동암 정광 편집, 1992, 『지증대사비명소고』, 경서원.

11) 한국고대사회연구소편, 1992, 『역주 한국고대금석문』 제3권, 신라·발해편.

12) 최영성, 1998, 『역주 최치원전집』 1-사산비명-, 아세아문화사.

13) 이상현 옮김, 2009, 『고운집』, 한국고전번역원.

비교 내용은 그 양이 많긴 하지만 대조표를 만들어 뒤에 전재한다.

우선 頭輪沙門 覺岸註의 覺岸梵海本[14]에 실려 있는 「有唐新羅國故曦陽山鳳巖寺 敎諡智證大師寂照之塔碑銘 幷序」와 『최문창후전집』에 실려 있는 『고운선생문집』의 「지증화상비명병서」[15]의 비문은 비석의 내용을 참조하여 만든 필사본이다. 이들을 표의 첫째와 둘째 칸에 싣고, 『조선금석총람』에 실린 「문경 봉암사지증대사적조탑비」[16]를 셋째 칸에 자리하게 하면서, 『역주 한국고대금석문』의 남동신 역주 「봉암사 지증대사탑비」의 비문[17]을 넷째 칸에, 최영성이 제시한 「대당신라국고봉암산사교시지증대사적조탑비명 병서」와 역문 및 주[18]에 나오는 원문을 다섯째 칸에, 그리고 봉암사 정광이 부록으로 실은 「지증대사비문」 탁본을 참조하여 필자가 정리한 「지증대사비문」 원문을 여섯째 칸에 위치시켜 표로 만들었다. 위의 내용을 정리하면 다음과 같다.

1. 두륜사문 각안주의 「有唐新羅國故曦陽山鳳巖寺 敎諡智證大師寂照之塔碑銘 幷序」
2. 「고운선생문집」의 「지증화상비명병서」
3. 『조선금석총람』의 「문경 봉암사지증대사적조탑비」
4. 『역주 한국고대금석문』의 남동신 역주 「봉암사 지증대사탑비」
5. 최영성의 「대당신라국고봉암산사교시지증대사적조탑비명 병서」
6. 필자

이 표를 만들어 비교해 본 결과 다음과 같은 특징들을 추출할 수 있었다.

(1) 우선 첫째로 비문 상에서 새겨진 글자와 판독문이 다른 경우이다.

1) 비문에서는 글자를 새길 때 약자를 사용하고 있으나 대개의 판독문은 정자를 쓰고 있다는 점이다. 예를 들면, ①與는 与로, ②爾는 尒로, ③萬은 万으로, ④彌는 弥로, ⑤筆은 笔로 썼다. 또한 같은 글자인데 본문과 음기가 다른 경우는 '醫' 자로, 본문에서는 毉로 쓰고 있으나 음기에서는 醫로 쓰고 있고, 대개의 판독문이 醫로 통일해서 쓰고 있다.

2) 비문상의 두 글자를 한 글자로 판독한 경우이다.

두 예를 들 수 있는데, 첫째 獄鳥는 각안과 고운집, 총람에서 鸑(신조 이름 악)의 한

14) 김지견, 위의 책에 부록으로 영인본이 3-125쪽에 실려 있다. 그리고 16쪽에 의하면 『동사열전』의 저자인 두륜사문 각안(1820~1896) 주의 이 본은 대흥사 내의 白花寺本으로 光緖 18년인 1892년의 주기가 있다고 한다.

15) 성균관대학교 대동문화연구원 발행, 1982(재판), 『최문창후전집』, 168-199쪽. 1926년 최국술이 편찬한 『고운선생문집』 권3에 「지증화상비명병서」가 수록되어 있다.

16) 조선총독부편, 1919, 『조선금석총람』상, 아세아문화사영인본, 88-97쪽.

17) 남동신, 1992, 「봉암사 지증대사탑비」 『역주 한국고대금석문』3, 174-211쪽.

18) 최영성, 위의 책, 257-338쪽.

글자로 보고 있다. 남동신과 최영성 역시 獄鳥를 한 자로 보고, 붉은 봉황의 誤書로 보고 있다.[19] 하지만 필자는 獄鳥를 嶽鳥로 보고 산새라는 의미로 해석하였다. 둘째 其日을 期자로 본 경우이다. 각안본과 고운집, 최영성의 경우[20] 이를 따르고 있다.

(2) 둘째로, 각안의 본과 고운집의 내용이 비문의 글자와는 다르게 쓴 경우이다. 다음과 같이 여러 경우가 나타나고 있는데, 각기 달리 쓴 경우도 있지만 표에서도 볼 수 있듯이 대개의 경우 같은 글자로 바꿔서 쓰고 있다.

1) 비문의 내용과 달리 글자를 뺀 경우이다.

① 각안의 본과 고운집의 두 곳 모두에서 '配動方者曰仁心'을 인심이 해석이 잘 안되니까 心을 빼고 '配動方者曰仁'으로 하였다.

② '日日深又日深矣'는 앞의 日을 빼고 '日深又日深矣'로 쓰고 있다.

③ '龍報報旣旣矣'에서 旣가 2자로 겹치니까 한자를 빼고 있다.

④ '智光侔智藏而還 智始語玄契者'에서 두 번째 구절의 智자를 빼고 '智光侔智藏而還始語玄契者'로 쓰고 있다. 이 경우 최영성 역시 위의 두 책을 따라 衍文으로 보고 있다.[21]

⑤ '今探撮其感應'의 경우 최영성과 각안, 고운집은 探을 빼고 '今撮其感應'로 보고, 남동신 은 撮을 빼고 '今探其感應'로 보고 있다.

⑥ 고운선생문집에서는 '諡號 智證禪師'를 선사를 빼고 '諡號 智證'으로 쓰고 있다.

2) 글자를 바꾼 경우이다.

① '雁化者 出谷'을 '幽谷'으로,

② '宜君子之鄉也 法王之道'를 '宜君子之鄉 染法王之道'로 바꾸고 있다.

③ '有始有卒'을 '有始有終'으로 바꾸고 있다.

3) 글자를 보탠 경우도 보인다.

① '幽求無斁'를 '幽求不斁'로,

② '試搜殘錦'을 '試搜錦頌'으로,

③ 음기에 나오는 '或用同公舊章'의 同을 周의 오자로 보고 周公으로 쓰고 있다.

④ '論曰 幻軀易滅'에서 論을 고운집의 경우와 최영성은 '諭曰'로 보았다.

⑤ '吾非超鷗'를 '吾非趙鷗'로 바꾸어서 고사에 맞추어 해석하고 있다. 최영성은 고운집에서와 같이 趙鷗로 보고 『열자』에 나오는 고사를 들고 있다.[22]

그런데 이러한 경우 위의 두 책의 주석을 따를 경우, 해석이 매끄럽게 변할 수 있어서 최영성의 경우 이 부분을 많이 따르고 있다.

---

19) 남동신, 위의 책, 190쪽의 주 301); 최영성, 위의 책, 280쪽의 주 288).
20) 최영성, 위의 책, 285쪽의 주 346).
21) 최영성, 위의 책, 264쪽의 주 88).
22) 최영성, 위의 책, 283쪽의 주 327).

4) 글자를 보탠 경우이다.

① '況復國重佛 家藏僧史'는 대개 '況復國重佛書'로 佛이 아닌 佛書로 이해하고 있다.

② '然能龍雲躍'은 '然能義龍雲躍'으로 보고 있는데 역시 의용으로 볼 때 경학에 밝은 승려라는 의미를 앞세워 의를 보탠 경우이다.

③ '時然行'은 '時然行後'로,

④ '故濫駱宅'은 '故濫觴駱宅'으로 하였다.

⑤ '大師拒之曰 人大患 好爲師'는 '大師拒之曰 人之大患 好爲人師'로 고쳐 뜻을 부드럽게 하였다.

⑥ '是卽是 餘無言'은 '是卽是 餘無所言'으로 '所'자를 보태었다.

⑦ '忘言師'는 '忘言之師'로 쓰고 있다.

5) 각안본의 경우 불교식으로 글자를 보아 다음과 같이 고친 흔적이 보인다.

① '謓'을 탐진치로 쓸 때의 '嗔'으로,

② 위의 '論'을 '喻'로,

③ '浮石山'을 '浮石寺'로 쓰기도 하였다.

④ '宴坐'를 '宴坐'로 바꾸어서 쓰고 있다.

⑤ '海引東流'는 '海印東流'로 고쳐 海印을 강조하고 있다.

6) 이 외에도 비문의 '匪'자는 거의 '非'로, '邪'자는 '耶'로, '資疑'를 '質疑'로 바꾸고 있다.

이렇게 비문을 각안주와 고운집 그리고 남동신, 최영성의 해석문과 비교를 통해 볼 때, 각안주와 고운집의 비문 역주가 근래의 역주에까지 상당히 영향을 끼쳤음을 알 수 있다.

(3) 셋째로, 『조선금석총람』의 내용을 다른 비명들과 비교해서 나타나는 문제점이다.

1) 우선 인명에 해당되는 부분을 유독 잘못 읽고 있다는 사실이다. 예를 들면,

① 도의를 道美로,

② 두세번 나오는 홍척을 첫 번째의 경우 洪涉으로 기재하였다.

③ 준공은 後恭으로,

④ 대안철 국사는 夫大□ 國師로,

⑤ 용암체는 湧□體로,

⑥ 양조국사 성주염은 兩朝國□□□□□□□師聖住□으로,

⑦ 송섬은 宋□으로,

⑧ 장문문인성견민휴양부는 □□□人□鐲□役□楊□로 처리하여 문인인 성견, 민휴, 양부를 견, 역, 양으로 읽어 이름을 전혀 알 수 없게 만들어 버렸다.

이는 매우 정치하게 글자를 읽은 다른 경우와 비견해 보면 의외의 표기로 보인다.

2) 다음은 판독 오자의 경우이다. 예를 들면

① '我田 且居王土'의 '土'를 '云'으로 읽어 왕토의 뜻을 흐리고 있고,

② '修乎修沒修 證乎證沒證'도 '沒'을 '設'로 읽어 선종의 요체를 나타내는 중요한 뜻을 막히게 하였다.

③ '鰈水'의 경우 접을 '□'로 처리하여 읽지 않고 있는데, 접수는 우리나라의 지역을 의미하는 용어이다.

④ 嚴君은 巖居로, 令子는 合于로 처리하여 전혀 뜻이 통하지 않게 하였다.

⑤ 居則化는 □□□□로, 鄉令은 卿令으로,

⑥ '太傅大王 以華風掃弊'는 '華'를 '花'로, '弊'를 '獘'로 바꾸어 읽은 것은 정말 이상해 보인다.

이상의 내용으로 볼 때 『조선금석총람』의 내용이 의도적으로 비문의 내용을 폄하시키려는 측면도 보인다는 점을 지적하고 싶다.

그리고 비문의 아래쪽 부분의 면이 고르지 못하여 새기지 못한 부분까지도 글자 수를 맞추어 전부 있는 것으로 보고, □□□ 등으로 빈칸으로 처리하는 한계도 보인다.

이상의 내용을 요약해 보면, 첫째 금석문을 새기면서 간략자를 곳곳에 사용하고 있음을 알 수 있었다는 점이다. 둘째, 탁본을 비교적 정확히 활자화시킨 것으로 인정받고 있는 『조선금석총람』의 내용이 의도성을 가지고 있는 문제점을 밝혀 볼 수 있었다. 셋째, 각안본이나 고운집의 세주는 지금까지도 해석을 하는데 영향을 끼치고 있다는 사실이다.

2) 原文

(1) 판독문

大唐新羅國故鳳巖山寺」

敎諡智證大師寂照之塔碑銘 幷序

入朝賀正兼 延奉 皇花等使 朝請大夫 前守兵部侍郞 充瑞書院學士 賜紫金魚袋 臣崔致遠奉 敎撰」

敍曰 五常分位 配動方者曰仁心 三敎立名 顯淨域者曰佛 仁心卽佛 佛目能仁則也 道郁夷柔順性源 達迦衛慈悲敎海 寔猶石投水 雨聚沙然 矧東諸侯之外守者 莫我大 而地靈旣好生爲本 風俗亦交讓爲主 煕煕太平之春 隱」隱上古之化 加姓參釋種 遍頭居寐錦之尊 語襲梵音 彈舌足多羅之字 是乃天彰西顧 海引東流 宜君子之鄕也 法王之道 日日深又日深矣 且自魯紀隕星 漢徵

佩日 像跡則百川含月 法音則萬籟號風 或緝懿縑緗 或綵華琬」琰故濫雒宅 鏡秦宮之事跡 照照焉 如揭合璧 苟非三尺喙 五色毫 焉能措辭其間 駕說于後 就以國觀國 考從鄕至鄕 則風傳沙嶮而來 波及海隅之始 昔當東表鼎峙之秋 有百濟蘇塗之儀 若甘泉金之祀 (厥後)西晉曇(始)于貊如」攝騰東入 句驪阿度度于我 如康會南行 時迺梁菩薩帝反同泰一春 我法興王剬律條八載也 亦旣海岸植與樂之根 日鄕耀增長之寶 天融善願 地聳勝因 爰有中貴捐軀 上仙剔髮 苾芻西學 羅漢東遊 因尒混沌能」開 娑婆遍化 莫不選山川勝槩 窮土木奇功 藻宴坐之宮 燭徐行之路 信心泉湧 慧力風揚 果使灀杵蠲灾 鞬櫜騰慶 昔之蕞尒三國 今也壯哉一家 雁刹雲排 將無隙地 鯨枹雷振 不遠諸天 漸染有餘 幽求無斁 其敎之興也」 毗婆娑先至則 四郡驅四諦之輪 摩訶衍後來則一國耀一乘之鏡 然能龍雲躍 律虎風騰 洶學海之波濤 蔚戒林之柯葉 道咸融乎無外 情或涉乎有中 抑止水停漪 高山佩旭者 盖有之矣 世未之知 洎長慶初 有僧道義」 西泛睹西堂之奧 智光侔智藏而還 智始語玄契者 縛猿心護奔北之短 矜鷃翼誚圖南之高 旣醉於誦言 競嗤爲魔語 是用韜光廡下 斂迹壺中 罷思東海東 終遁北山 豈大易之無悶 中庸之不悔者邪 華秀冬嶺 芳定林」 螘慕者弥山 雁化者出谷 道不可廢 時然行 及興德大王纂戎 宣康太子監撫 去邪毉國 樂善肥家 有洪陟大師 亦西堂證心 來南岳休足 鷲冕陳順風之請 龍樓慶開霧之期 顯示密傳 朝凡暮聖 變非蔚也 興且」勃焉 試覰較其宗趣則 修乎修沒修 證乎證沒證 其靜也山立 其動也谷應 無爲之益 不爭而勝 於是乎 東人方寸地虛矣 能以彭利利海外 不言其所利 大矣哉 尒後 觴騫河 筌融道 無念尒祖 寔繁有徒□□ 或劍化延」津 或珠還合浦 爲巨擘者 可屈指焉 西化則 靜衆無相 常山慧覺 禪譜益州金 鎭州金者是 東歸則 前所敍 北山義 南岳陟 而降大安徹國師 慧目育 智力聞 雙溪照 新興彦 涌岩體 珍丘休 雙峰雲 孤山日 兩□朝國」師聖住染 菩提宗 德之厚爲父衆生 道之尊爲師王者 古所謂 逃名名我隨 避聲聲我追者 故皆化被恒沙 蹟傳豊石 有令兄弟 宜尒子孫 俾定林標秀於鷄林 慧水安流於鰈水矣 別有不戶不牖而見大道 不山不海而得」上寶 恬然息意 澹乎忘味 彼岸也不行而至 此土也不嚴而治 七賢孰取譬 十住難定位者 賢鷄山智證大師其人也 始大成也 發蒙于梵體大德 稟具于瓊儀律師 終上達也 探玄于慧隱嚴君 乎默于楊孚令子 法胤唐四祖爲五世」父 東漸于海 遡游數之 雙峰子法朗 孫愼行 曾孫遵範 玄孫慧隱 來孫大師也 朗大師從大毉之大證 按杜中書正倫纂銘 敍云 遠方奇士 異域高人 無憚險途 來至珍所 則掬寶歸止 非師而誰 第知者不言 復藏于密 能撢秘藏 唯行」大師 然時不利兮 道未亨也 乃浮于海 聞于天 肅宗皇帝 寵貽天什曰 龍兒渡海不憑筏 鳳子沖虛無認月 師以山鳥海龍二句爲對 有深旨哉 東還三(傳至)大師 畢萬之後斯驗矣 其世緣則 王都人金姓子 號道憲 字智詵 父贊瓌」母伊氏 長慶甲辰歲 現乎世 中和壬寅曆 歸乎寂 忞坐也四十三夏 歸全也五十九年 其具體則 身仞餘 面尺所 儀狀魁岸 語言雄亮 眞所謂 威而不猛者 (始孕)洎滅 奇蹤秘說 神出鬼沒 笔不加紀 今採其感應聳人耳者 六異 操履驚」人心者六是 而分表之 初母夢一巨人告曰 僕昔勝見佛 季世爲桑門 以譴恚故 久隨龍報 報旣旣矣 當爲法孫 故侂妙緣 願弘慈化 因有娠 幾四百日 灌佛之旦誕焉 事驗蟒亭 夢符像室 使佩韋者益誡 擁毳者精修 降生之異一也」 生數夕不嚥乳 穀之則號欲嗄 欻有道人

過門誨曰 欲兒無聲 忍絶焄腥 母從之 竟無恙 使乳育者加愼 肉湌者懷慙 宿習之異二也 九歲喪父 殆毁滅 有追福僧 憐之論曰 幻軀易滅 壯志難成 昔佛報恩 有大方便 子勉之 因感悟輟」哭白所生請歸道 母慈其幼 復念保家無主 確不許 耳踰城故事則亡去 就學浮石山 忽一日 心驚坐屢遷 俄聞倚閭成疾 遽歸省而病隨愈 時人方阮孝緖 居無何 染沈痾 謁毉無效 枚卜之 僉曰 宜名隷大神 母追惟曩夢 誠覆以方」裒而泣誓言 斯疾若起 乞佛爲子 信宿果大瘳 仰悟慈親 終成素志 使舐犢者割(愛) 飮蛇者(釋)疑 孝感之異三也 至十七受具 始就壇 覺袖中光熠熠然 探之得一珠 豈有心而求 乃無脛而至 眞六度經所喩矣 使飢啍者自飽 醉偃者」能醒 勵心之異四也 坐雨竟將它適 夜夢遍吉菩薩 撫頂提耳曰 苦行難行 行之必成 形開痒然 默篆肌骨 自是不復服繒絮焉 修綫之須 所必痲楮 不穿達屣 矧羽毳毛茵餘用矣 使縕黂者開眼 衣蟲者厚顔 律身之異五也 自綺年」飽老成之德 加瑩戒珠 可畏者競相從求益 大師拒之曰 人大患好爲師 强欲慧不惠 其如模不模邪 況浮芥海鄕 自濟未暇 無影逐爲必笑之態 後山行 有樵叟礙前路 曰先覺覺後覺 何須恡空殼 就之則無見焉 爰媿且悟 不阻」來求 森竹葦于鷄籃山水石寺 俄卜築他所曰 不繫爲懷 能遷是貴 使佔畢者三省 營巢者九思 垂訓之異六也 贈大師景文大王 心融鼎敎 面謁輪工 遙深介思覬俾我卽 乃寓書曰 伊尹大通 宋纖小見 以儒辟釋 自迩陟遠 甸邑巖」居 頗有佳所 木可擇矣 無惜鳳儀 妙選近侍中可人 鵠陵昆孫 立言爲使 旣傳敎已 因攝齊焉 答曰 修身化人 捨靜奚趣 鳥能之命 善爲我辭 幸許安塗中 無令在汶上 上聞之 益珍重 自譽(四飛)於無翼 衆一變於不言 咸通五年」冬 端儀長翁主 未亡人爲稱 當來佛是歸 敬謂下生 厚資上供 以邑司所領 賢溪山安樂寺富有泉石之美 請爲猿鶴主人 乃告其徒曰 山號賢溪 地殊愚谷 寺名安樂 僧盍住持 從之徙焉(居則化)矣 使樂山者益靜 擇地者愼思 行」藏之是一焉 他日告門人曰 故韓粲金公嶷勳 度我爲僧 報公以佛 乃鑄丈六玄金像 傅之以銑 爰用鎭仁宇 導冥路 使行恩者日篤 重義者風從 知報之是二焉 至八年丁亥 檀越翁主 (使茹金等) 伽藍南畝 曁臧獲本籍授之 爲壞」袍傳舍 俾永永不易 大師因念言 王女資法喜 尙如是矣 佛孫味禪悅 豈徒然乎 我家匪貧 親黨皆歿 与落路行人之手 寧充門弟子之腹 遂於乾符六年 捨莊十二區 田五百結 隷寺焉 飯孰(譏囊) 粥能銘鼎 民天是賴 佛土可期 雖」曰 我田且居王土 始資疑於王孫韓粲繼宗 執事侍郎金八元金咸熙□ 及正法大統釋玄亮 聲九皐 應千里 贈太傅 獻康大王 恕而允之 其年九月 敎南川郡僧統訓弼 擇別墅 劃正場斯盖外佐 □君臣益地 內資父母生天 使續」命者与仁 賞歌者悛過 檀捨之是三焉 有居乾慧地者曰沈忠 聞大師刃餘定慧 鑑透乾坤 志確曇蘭 術精安廩 禮足已 白言 弟子有剩地 在曦陽山腹鳳巖龍谷 境駭横目 幸構禪宮 徐答曰 吾未能(分)身 惡用是 忠請膠固 加山靈」有甲騎爲前騶之異 乃錫挺樵溪而歷相焉 且見山屛四迾 則獄鳥翅掀雲 水帶百(圍) 則虬要偃石 旣愕且喈曰 獲是地也 庸非天乎 不爲靑衲之居 其作黃巾之窟 遂率先於衆 防後爲基 起瓦□四注以厭之 鑄鐵像二軀以衛之 至」中和 辛丑年 敎遣前安輪寺僧統俊恭 肅正史裵聿文 標定疆域 芳賜牓爲鳳巖焉 及 大師化往數年 有山甿爲野冠者 始敢拒輪 終能食葚 得非深軥定水 預汳魔山之巨力歟 使折臂者標義 掘尾者制狂 開發之是四焉 太」傅大王 以華風掃弊 慧海濡枯 素欽靈育之名 渴聽法

深之論 乃注心鷄足 灑翰鶴頭以徵之曰 外護小緣 念踰三際 內修大惠 幸許一來 大師感動 琅函言及 勝因通世 同塵率土 懷玉出山 轡織迎途 至憩足于禪院寺 錫安信宿 引」問心于月池宮 時屬纖蘿不風 溫樹方夜 適覩金波之影 端臨玉沼之心 大師俯而覬 仰而告曰 是卽是 餘無言 上洗然 欣契曰 金仙花目 所傳風流 固協於此 遂拜爲忘言師 及出 俾蓋臣譬旨 幸宜小停 答曰 謂牛戴(牛) 所直無」幾 以鳥養鳥 爲惠不貲 請從此辭 枉之則折 上聞之喟然 以韻語歎曰 施旣不留空門鄧侯 師是支鶴 吾非超鷗 乃命十戒弟子 宣敎省副使馮恕行 援送歸山 使待兎者離株 羨魚者學網 出處之是五焉 在世行 無遠近夷險」未嘗代勞以蹄角 及還山 氷霓梗跋涉 乃吕栟櫚步輿寵行 謝使者曰 是豈井大春□所云人車耶 顧英君所不須 矧形毁者乎 然命旣至 受之爲濟苦具及移疾于安樂練居 杖不能起 始乘之 使病病者了空 賢賢者離執 用捨之是」六焉 至冬抄旣望之二日 趺坐悟言之際 泊然無常 嗚呼 星廻上天 月落大海 終風吼谷 則聲咽虎溪 積雪摧松 則色侔鵠樹 物感斯極 人悲可量 信而假殯于賢溪 其日而遂窆于義野 其詞曰」

麟聖依仁仍據德　鹿仙知白能守黑　二敎徒稱天下式　螺髻眞人難确力
十萬里外鏡西域　一千年後燭東國　鷄林地在鼇山側　仙儒自古多奇特
可憐羲仲不曠職　更迎佛日辨空色　敎門從此分階墄」言路因之理溝洫
身依兎窟心難息　足蹋羊岐眼還惑　法海安流眞叵測　心得眼訣苞眞極
得之得類罔象得　默之默異寒蟬默　北山義與南岳陟　垂鵠翅与展鵬翼
海外時來道難抑　遠派禪河無壅塞」蓬托麻中能自直　珠探衣內休傍貸
湛若賢溪善知識　十二因緣匪虛飾　何用攀絚兼拊杙　何用舐笔及含墨
彼或遠學來匍匐　我能靜坐降魔賊　莫把意樹誤栽植　莫把情田枉稼穡
莫把恒沙論万億」莫把孤雲定南北　德馨四遠聞詹蔔　惠化一方安社稷
面奉天花飄縷栻　心憑水月呈禪拭　家副佳綿誰入棘　腐儒玄杖慙擿埴
跡耀寶幢名可勒　才輸錦頌文難織　囂腹欲飫禪悅食　來向山中看篆刻」

(陰記)

太傅王馳(醫)問疾 降駛營齊 不暇無偏無頗 (能諧有)」始有卒 特敎菩薩戒弟子 建功鄕令 金立言 (慰勉諸)」孤 賜諡智證禪師 塔号寂照 仍許勒石 俾錄(狀聞 門)」人 性蠲 敏休 楊孚 繼徽等 咸得鳳毛者 斂陳迹以獻」至乙巳歲 有國民媒儒道 嫁帝鄕而 名掛輪中 職」攀柱下者曰 崔致遠 捧漢后龍緘 齎淮王鵠幣 雖」慙鳳擧 頗類鶴歸 上命信臣淸信者陶竹陽 授門」人狀 賜手敎曰 縷褐東師 始悲遷化 繡衣西使 深」喜東還 不朽之爲 有緣而至 無恡外孫之作 將酬大」士之慈 臣也雖東箭非材 而南冠多幸 方思運斧 遽」值號弓 況復國重佛 家藏僧史 法碣相望 禪碑寂」多 遍覽色絲 試搜殘錦 則見無去無來之說 競把斗」量 不生不滅之譚 動論車載 曾無魯史新」意 或用同公舊章 是知不能言 益驗道」之云遠 唯懊師化去早 臣(歸)來遲 錣隸字誰」告前日 逍遙義不聞眞決 每憂傷手 莫悟伸拳 歎時」則露往霜來 遽涸愁鬢 談道則天高地厚 塵腐頑毫」將諧汗漫之遊

始述崆峒之美 有門人英爽 來趣受」辛 金口是資 石心弥固 忍踰刮骨 求甚刻身 影伴八」冬 言資三復 抑六異六是之屬辞無媿 賈勇有餘者」實乃大師內蕩六魔 外除六蔽 行苞六度 坐證六通」故也 事譬採花 文難削藁 遂同榛楛勿翦 有慙糠粃」在前 跡追蘭殿之遊 誰不仰月池佳對 偶效栢梁之」作 庶幾騰日域高譚」

芬皇寺 釋慧江 書幷刻字 歲八十三」

院主大德 能善」通俊」

都唯那等」玄逸」長解」鳴善」

旦越 成碣西□大將軍 着紫金魚袋 蘇判 阿叱彌」加恩縣將軍 熙弼」

當縣□刃淬治□□□于德明」

龍德四年歲次甲申六月　日竟建」

(2) 판독대조표

[범례]

1. 회색 부분은 일반적으로 판독된 글자와 다른 부분을 표시한 것이다.

2. 공란은 글자 없음, '■'은 글자가 있으나 판독이 불가능함. '(字)'는 필자가 추정한 글자를 표시한 것이다.

3. 각 판독문의 출전은 다음과 같다.

1) 두륜사문 각안주의「有唐新羅國故曦陽山鳳巖寺 教諡智證大師寂照之塔碑銘 并序」
2)「고운선생문집」의「지증화상비명병서」
3)『조선금석총람』의「문경 봉암사지증대사적조탑비」
4)『역주 한국고대금석문』의 남동신 역주「봉암사 지증대사탑비」
5) 최영성의「대당신라국고봉암산사교시지증대사적조탑비명 병서」
6) 필자(김복순)

각안	고운집	총람	남동신	최영성	필자
有		大	大	大	大
唐		唐	唐	唐	唐
新		新	新	新	新
羅		羅	羅	羅	羅
國		國	國	國	國
故曦 陽山		故	故	故	故
鳳		鳳	鳳	鳳	鳳
巖		巖	巖	巖	巖
寺		山	山	山	山
		寺	寺	寺	寺
敎		敎	敎	敎	敎
謚		謚	謚	謚	謚
智	智	智	智	智	智
證	證	證	證	證	證
大	大	大	大	大	大
師	師	師	師	師	師
寂		寂	寂	寂	寂
照		照	照	照	照
之		之	之	之	之
塔		塔	塔	塔	塔
碑	碑	碑	碑	碑	碑
銘	銘	銘	銘	銘	銘
幷	幷	幷	幷	幷	幷
序	序	序	序	序	序
		入	入	入	入
		朝	朝	朝	朝
		賀	賀	賀	賀
		正	正	正	正
		兼	兼	兼	兼
		■	迎	迎	延
		奉	奉	奉	奉
		皇	皇	皇	皇
		花	花	花	花
		等	等	等	等
		使	使	使	使
		朝	朝		朝
		請	請		請
		大	大		大
		夫	夫		夫
		前	前	前	前
		守	守	守	守
		兵	兵	兵	兵

각안	고운집	총람	남동신	최영성	필자
		部	部	部	部
		侍	侍	侍	侍
		郎	郎	郎	郎
		充	充	充	充
		瑞	瑞	瑞	瑞
		書	書	書	書
		院	院	院	院
		學	學	學	學
		士	士	士	士
		賜	賜	賜	賜
		紫	紫	紫	紫
		金	金	金	金
		魚	魚	魚	魚
		袋	袋	袋	袋
		臣	臣	臣	臣
		崔	崔	崔	崔
		致	致	致	致
		遠	遠	遠	遠
		奉	奉	奉	奉
		敎	敎	敎	敎
		撰	撰	撰	撰
序	序	敍	敍	敍	敍
曰	曰	曰	曰	曰	曰
五	五	五	五	五	五
常	常	常	常	常	常
分	分	分	分	分	分
位	位	位	位	位	位
配	配	配	配	配	配
動	動	動	動	動	動
方	方	方	方	方	方
者	者	者	者	者	者
曰	曰	曰	曰	曰	曰
仁	仁	仁	仁	仁	仁
		心	心	心	心
三	三	三	三	三	三
敎	敎	敎	敎	敎	敎
立	立	立	立	立	立
名	名	名	名	名	名
顯	現	顯	顯	顯	顯
淨	淨	淨	淨	淨	淨
域	域	域	域	域	域
者	者	者	者	者	者
曰	曰	曰	口	口	曰

佛	佛	佛	佛	佛	佛
仁	仁	仁	仁	仁	仁
心	心	心	心	心	心
卽	卽	卽	卽	卽	卽
佛	佛	佛	佛	佛	佛
佛	佛	佛	佛	佛	佛
目	目	目	目	目	目
能	能	能	能	能	能
仁	仁	仁	仁	仁	仁
則	則	則	則	則	則
也	也	也	也	也	也
導	導	道	道	道	道
郁	郁	郁	郁	郁	郁
夷	夷	夷	夷	夷	夷
柔	柔	柔	柔	柔	柔
順	順	順	順	順	順
性	性	性	性	性	性
源	源	源	源	源	源
達	達	達	達	達	達
迦	迦	迦	迦	迦	迦
衛	衛	衛	衛	衛	衛
慈	慈	慈	慈	慈	慈
悲	悲	悲	悲	悲	悲
敎	敎	敎	敎	敎	敎
海	海	海	海	海	海
寔	寔	寔	寔	寔	寔
猶	猶	猶	猶	猶	猶
石	石	石	石	石	石
投	投	投	投	投	投
水	水	水	水	水	水
雨	雨	雨	雨	雨	雨
聚	聚	聚	聚	聚	聚
沙	沙	沙	沙	沙	沙
然	然	然	然	然	然
矧	矧	矧	矧	矧	矧
東	東	東	東	東	東
諸	諸	諸	諸	諸	諸
侯	侯	侯	侯	侯	侯
之	之	之	之	之	之
外	外	外	外	外	外
守	守	守	守	守	守
者	者	者	者	者	者
莫	莫	莫	莫	莫	莫
我	我	我	我	我	我

大也	大也	大	大	大	大
而	而	而	而	而	而
地	地	地	地	地	地
靈	靈	靈	靈	靈	靈
旣	旣	旣	旣	旣	旣
好	好	好	好	好	好
生	生	生	生	生	生
爲	爲	爲	爲	爲	爲
本	本	本	本	本	本
風	風	風	風	風	風
俗	俗	俗	俗	俗	俗
亦	亦	亦	亦	亦	亦
交	交	交	交	交	交
讓	讓	讓	讓	讓	讓
爲	爲	爲	爲	爲	爲
先	先	主	主	主	主
熙	熙	■	熙	熙	熙
熙	熙	■	熙	熙	熙
太	太	大	太	太	太
平	平	地	平	平	平
之	之	之	之	之	之
春	春	春	春	春	春
隱	隱	■	隱	隱	隱
隱	隱	隱	隱	隱	隱
上	上	上	上	上	上
古	古	古	古	古	古
之	之	之	之	之	之
化	化	化	化	化	化
加以	加以	加	加以	加	加
姓	姓	姓	姓	姓	姓
參	參	參	參	參	參
釋	釋	釋	釋	釋	釋
種	種	種	種	種	種
祝	遍	遍	遍	遍	遍
頭	頭	頭	頭	頭	頭
居	居	居	居	居	居
寐	寐	寐	寐	寐	寐
錦	錦	錦	錦	錦	錦
之	之	之	之	之	之
尊	尊	尊	尊	尊	尊
語	語	語	語	語	語
襲	襲	襲	襲	襲	襲

梵	梵	梵	梵	梵	梵
音	音	音	音	音	音
彈	彈	彈	彈	彈	彈
舌	舌	舌	舌	舌	舌
足	足	足	足	足	足
多	多	多	多	多	多
羅	羅	羅	羅	羅	羅
之	之	之	之	之	之
字	字	字	字	字	字
寔	寔	是	是	是	是
乃	迺	乃	乃	乃	乃
天	天	天	天	天	天
彰	彰	彰	彰	彰	彰
西	西	西	西	西	西
顧	顧	顧	顧	顧	顧
海	海	海	海	海	海
印	印	引	引	引	引
東	東	東	東	東	東
流	流	流	流	流	流
宜	宜	宜	宜	宜	宜
君	君	君	君	君	君
子	子	子	子	子	子
之	之	之	之	之	之
鄉	鄉	鄉	鄉	鄉	鄉
染	染	也	也	也	也
法	法	法	法	法	法
王	王	王	王	王	王
之	之	之	之	之	之
道	道	道	道	道	道
日	日	日	日	日	日
		日	日	日	日
深	深	深	深	深	深
又	又	又	又	又	又
日	日	日	日	日	日
深	深	深	深	深	深
矣	矣	矣	矣	矣	矣
且	且	且	且	且	且
自	自	自	自	自	自
魯	魯	魯	魯	魯	魯
紀	紀	紀	紀	紀	紀
隕	隕	隕	隕	隕	隕
星	星	星	星	星	星
漢	漢	漢	漢	漢	漢
徵	徵	徵	徵	徵	徵

佩	佩	佩	佩	佩	佩
日	日	日	日	日	日
像	像	像	像	像	像
跡	跡	跡	跡	跡	跡
則	則	則	則	則	則
百	百	百	百	百	百
川	川	川	川	川	川
含	含	含	含	含	含
月	月	月	月	月	月
法	法	法	法	法	法
音	音	音	音	音	音
則	則	則	則	則	則
萬	萬	萬	萬	萬	萬
籟	籟	籟	籟	籟	籟
號	號	號	號	號	號
風	風	風	風	風	風
或	或	或	或	或	或
緝	緝	緝	緝	緝	緝
懿	懿	懿	懿	懿	懿
縑	縑	■	縑	縑	縑
緗	緗	■	緗	緗	緗
或	或	或	或	或	或
鐫	鐫	綵	綵	綵	綵
花	花	華	華	華	華
琬	琬	琬	琬	琬	琬
琰	琰	琰	琰	琰	琰
故	故	故	故	故	故
濫 觴	濫 觴	監	濫	濫	濫
洛	洛	雒	雒	雒	雒
宅	宅	宅	宅	宅	宅
懸 鏡	懸 鏡	鏡	鏡	鏡	鏡
秦	秦	秦	秦	秦	秦
宮	宮	宮	宮	宮	宮
之	之	之	之	之	之
事	事	事	事	事	事
跡	跡	跡	跡	跡	跡
昭	照	照	照	照	照
昭	照	照	照	照	照
焉	焉	焉	焉	焉	焉
如	如	如	如	如	如
揭	揭	揭	揭	揭	揭
合	合	合	合	合	合

壁	壁	壁	壁	壁	壁
苟	苟	苟	苟	苟	苟
非	非	非	非	非	非
三	三	三	三	三	三
尺	尺	尺	尺	尺	尺
喙	喙	喙	喙	喙	喙
五	五	五	五	五	五
色	色	色	色	色	色
毫	毫	毫	毫	毫	毫
焉	焉	焉	焉	焉	焉
能	能	能	能	能	能
措	措	措	措	措	措
辭	辭	辭	辭	辭	辭
其	其	其	其	其	其
間	間	間	間	間	間
駕	駕	駕	駕	駕	駕
說	說	說	說	說	說
于	于	于	于	于	于
後	後	後	後	後	後
就	就	就	就	就	就
以	以	以	以	以	以
國	國	圀	國	國	國
觀	觀	觀	觀	觀	觀
國	國	圀	國	國	國
考	考	考	考	考	考
從	從	從	從	從	從
鄉	鄉	鄉	鄉	鄉	鄉
至	至	至	至	至	至
鄉	鄉	鄉	鄉	鄉	鄉
則	則	則	則	則	則
風	風	風	風	風	風
傳	傳	傳	傳	傳	傳
沙	沙	沙	沙	沙	沙
嶮	嶮	嶮	嶮	嶮	嶮
而	而	而	而	而	而
來	來	來	來	來	來
波	波	波	波	波	波
及	及	及	及	及	及
海	海	海	海	海	海
隅	隅	隅	隅	隅	隅
之	之	之	之	之	之
始	始	始	始	始	始
昔	昔	昔	昔	昔	昔
當	當	當	當	當	當

東	東	東	東	東	東
表	表	表	表	表	表
鼎	鼎	鼎	鼎	鼎	鼎
峙	峙	峙	峙	跱	峙
之	之	之	之	之	之
秋	秋	秋	秋	秋	秋
有	有	有	有	有	有
百	百	百	百	百	百
濟	濟	濟	濟	濟	濟
蘇	蘇	蘇	蘇	蘇	蘇
塗	塗	塗	塗	塗	塗
之	之	之	之	之	之
儀	儀	儀	儀	儀	儀
若	若	若	若	若	若
甘	甘	甘	甘	甘	甘
泉	泉	泉	泉	泉	泉
金 人	金	金	金	金	金
之	之	人	之	之	之
祀	祀	祀	祀	祀	祀
厥	厥	■	厥	■	(厥)
後	後	■	後	■	(後)
西	西	西	西	西	西
晉	晉	■	晉	■	晉
曇	曇	■	曇	■	曇
始	始	■	始	■	(始)
始 之	始 之	于	始 之	于	于
貊	貊	■	貊	■	貊
如	如	如	如	如	如
攝	葉	攝	攝	攝	攝
騰	騰	騰	騰	騰	騰
東	東	東	東	東	東
入	入	入	入	入	入
句	句	句	句	句	句
驪	驪	驪	驪	驪	驪
阿	阿	阿	阿	阿	阿
度	度	度	度	度	度
度	度	度	度	度	度
于	于	于	于	于	于
我	我	我	我	我	我
如	如	如	如	如	如
康	康	康	康	康	康
會	會	會	會	會	會

南	南	南	南	南	南
行	行	行	行	行	行
時	時	時	時	時	時
乃	乃	迺	迺	迺	迺
梁	梁	梁	梁	梁	梁
菩	菩	菩	菩	菩	菩
薩	薩	薩	薩	薩	薩
帝	帝	帝	帝	帝	帝
返	反	反	反	反	反
同	東	同	同	同	同
泰	泰	泰	泰	泰	泰
一	一	一	一	一	一
春	春	春	春	春	春
我	我	我	我	我	我
法	法	法	法	法	法
興	興	興	興	興	興
王	王	王	王	王	王
制	制	剬	剬	剬	剬
律	律	律	律	律	律
條	條	條	條	條	條
八	八	八	八	八	八
載	載	載	載	載	載
也	也	也	也	也	也
亦	亦	亦	亦	亦	亦
旣	旣	旣	旣	旣	旣
海	海	海	海	海	海
岸	岸	岸	岸	岸	岸
植	植	植	植	植	植
與	與	與	與	與	與
樂	樂	樂	樂	樂	樂
之	之	之	之	之	之
根	根	根	根	根	根
日	日	日	日	日	日
鄕	鄕	鄕	鄕	鄕	鄕
耀	曜	耀	耀	耀	耀
增	增	增	增	增	增
長	長	長	長	長	長
之	之	之	之	之	之
寶	寶	寶	寶	寶	寶
天	天	天	天	天	天
融	融	融	融	融	融
善	善	善	善	善	善
願	願	願	願	願	願
地	地	地	地	地	地

聳	聳	聳	聳	聳	聳
勝	勝	勝	勝	勝	勝
因	因	因	因	因	因
爰	爰	爰	爰	爰	爰
有	有	有	有	有	有
中	中	中	中	中	中
貴	貴	貴	貴	貴	貴
捐	捐	捐	捐	捐	捐
駈	軀	軀	軀	軀	軀
上	上	上	上	上	上
仙	仙	仙	僊	仙	仙
剔	剔	剔	剔	剔	剔
髮	髮	髮	髮	髮	髮
苾	苾	苾	苾	苾	苾
蒭	蒭	■	芻	芻	芻
西	西	西	西	西	西
學	學	學	學	學	學
羅	羅	羅	羅	羅	羅
漢	漢	漢	漢	漢	漢
東	東	東	東	東	東
遊	遊	遊	遊	遊	遊
因	因	因	因	因	因
爾	爾	爾	爾	爾	尒
混	混	混	混	混	混
沌	沌	沌	沌	沌	沌
能	能	能	能	能	能
開	開	■■ ■■ 開	開	開	開
娑	娑	娑	娑	娑	娑
婆	婆	婆	婆	婆	婆
遍	遍	遍	遍	遍	遍
化	化	化	化	化	化
莫	莫	莫	莫	莫	莫
不	不	不	不	不	不
選	選	選	選	選	選
山	山	山	山	山	山
川	川	川	川	川	川
勝	勝	勝	勝	勝	勝
槩	槩	槩	槩	槩	槩
窮	窮	窮	窮	窮	窮
土	土	土	土	土	土
木	木	木	木	木	木
奇	奇	奇	奇	奇	奇

功	功	功	功	功	功
藻	藻	藻	藻	藻	藻
宴	宴	宴	宴	宴	宴
坐	坐	坐	坐	坐	坐
之	之	之	之	之	之
宮	宮	宮	宮	宮	宮
燭	燭	燭	燭	燭	燭
修	修	徐	徐	徐	徐
行	行	行	行	行	行
之	之	之	之	之	之
路	路	路	路	路	路
信	信	信	信	信	信
心	心	心	心	心	心
泉	泉	泉	泉	泉	泉
涌	涌	涌	湧	湧	湧
慧	慧	慧	慧	慧	慧
力	力	力	力	力	力
風	風	風	風	風	風
揚	揚	揚	揚	揚	揚
果	果	果	果	果	果
使	使	使	使	使	使
漂	漂	濟	濟	漂	濟
杵	杵	杵	杵	杵	杵
鐲	鐲	鐲	鐲	鐲	鐲
灾	灾	灾	灾	灾	灾
鞬	鞬	鍵	鍵	鍵	鍵
櫜	櫜	櫜	櫜	櫜	櫜
騰	騰	騰	騰	騰	騰
慶	慶	慶	慶	慶	慶
昔	昔	昔	昔	昔	昔
之	之	之	之	之	之
蕞	蕞	蕞	蕞	蕞	蕞
爾	爾	爾	爾	爾	尒
三	三	三	三	三	三
國	國	國	國	國	國
今	今	今	今	今	今
也	也	也	也	也	也
壯	壯	壯	壯	壯	壯
哉	哉	哉	哉	哉	哉
一	一	一	一	一	一
家	家	家	家	家	家
鴈	雁	雁	雁	雁	雁
刹	刹	刹	刹	刹	刹
雲	雲	雲	雲	雲	雲

排	排	排	排	排	排
將	將	將	將	將	將
無	無	無	無	無	無
隙	隙	隙	隙	隙	隙
地	地	地	地	地	地
鯨	鯨	鯨	鯨	鯨	鯨
桴	桴	枹	枹	枹	枹
雷	電	雷	雷	雷	雷
振	振	振	振	振	振
不	不	不	不	不	不
遠	遠	遠	遠	遠	遠
諸	諸	諸	諸	諸	諸
天	天	天	天	天	天
漸	漸	漸	漸	漸	漸
染	染	染	染	染	染
有	有	有	有	有	有
餘	餘	餘	餘	餘	餘
幽	幽	幽	幽	幽	幽
求	求	求	求	求	求
不	不	無	無	無	無
數	數	數	數	數	數
其	其	其	其	其	其
敎	敎	敎	敎	敎	敎
之	之	之	之	之	之
興	興	興	興	興	興
也	也	也	也	也	也
毗	毗	■■ ■毗	毗	毗	毗
婆	婆	婆	婆	婆	婆
娑	娑	娑	娑	娑	娑
先	先	先	先	先	先
至	至	至	至	至	至
則	則	則	則	則	則
四	四	四	四	四	四
郡	郡	郡	郡	郡	郡
駈	驅	駈	驅	驅	驅
四	四	四	四	四	四
諦	諦	諦	諦	諦	諦
之	之	之	之	之	之
輪	輪	輪	輪	輪	輪
摩	摩	摩	摩	摩	摩
訶	訶	訶	訶	訶	訶
衍	衍	衍	衍	衍	衍
後	後	後	後	後	後

來	來	來	來	來	來
則	則	則	則	則	則
一	一	一	一	一	一
國	國	國	國	國	國
耀	耀	耀	耀	耀	耀
一	一	一	一	一	一
乘	乘	乘	乘	乘	乘
之	之	之	之	之	之
鏡	鏡	鏡	鏡	鏡	鏡
然	然	然	然	然	然
能	能	能	能	能	能
義 龍	義 龍	龍	龍	■ 龍	龍
雲	雲	雲	雲	雲	雲
躍	躍	躍	躍	躍	躍
律	律	律	律	律	律
虎	虎	虎	虎	虎	虎
風	風	風	風	風	風
騰	騰	騰	騰	騰	騰
洶	洶	洶	洶	洶	洶
學	學	學	學	學	學
海	海	海	海	海	海
之	之	之	之	之	之
波	波	波	波	波	波
濤	濤	濤	濤	濤	濤
蔚	蔚	蔚	蔚	蔚	蔚
戒	戒	戒	戒	戒	戒
林	林	林	林	林	林
之	之	之	之	之	之
柯	柯	柯	柯	柯	柯
葉	葉	葉	葉	葉	葉
道	道	道	道	道	道
咸	咸	咸	咸	咸	咸
融	融	融	融	融	融
乎	乎	乎	乎	乎	乎
無	無	無	無	無	無
外	外	外	外	外	外
情	情	情	情	情	情
或	或	或	或	或	或
涉	涉	涉	涉	涉	涉
乎	乎	乎	乎	乎	乎
有	有	有	有	有	有
中	中	中	中	中	中
抑	抑	抑	抑	抑	抑

止	止	止	止	止	止
水	水	水	水	水	水
渟	停	停	停	停	停
漪	漪	漪	漪	漪	漪
高	高	高	高	高	高
山	山	山	山	山	山
佩	佩	佩	佩	佩	佩
旭	旭	■	旭	旭	旭
者	者	者	者	者	者
盖	盖	盖	盖	盖	盖
有	有	有	有	有	有
之	之	之	之	之	之
矣	矣	矣	矣	矣	矣
世	世	世	世	世	世
末	末	末	末	末	末
之	之	之	之	之	之
知	知	知	知	知	知
洎	洎	洎	洎	洎	洎
長	長	長	長	長	長
慶	慶	慶	慶	慶	慶
初	初	初	初	初	初
有	有	有	有	有	有
僧	僧	僧	僧	僧	僧
道	道	道	道	道	道
義	義	美	義	義	義
西	西	■■ ■■ 西	西	西	西
泛	泛	泛	泛	泛	泛
睹	睹	睹	睹	睹	睹
西	西	西	西	西	西
堂	堂	堂	堂	堂	堂
之	之	之	之	之	之
奧	奧	奧	奧	奧	奧
智	智	智	智	智	智
光	光	光	光	光	光
侔	侔	侔	侔	侔	侔
智	智	智	智	智	智
藏	藏	藏	藏	藏	藏
而	而	而	而	而	而
還	還	還	還	還	還
始	始	智 始	智 始	智 始	智 始
語	語	語	語	語	語

玄	玄	玄	玄	玄	玄
契	契	契	契	契	契
者	者	者	者	者	者
縛	縛	縛	縛	縛	縛
猿	猿	猿	猿	猿	猿
心	心	心	心	心	心
護	護	護	護	護	護
奔	犇	奔	奔	奔	奔
北	北	北	北	北	北
之	之	之	之	之	之
短	短	短	短	短	短
矜	矜	矜	矜	矜	矜
鶡	鶡	鶡	鶡	鶡	鶡
翼	翼	翼	翼	翼	翼
誚	誚	誚	誚	誚	誚
圖	圖	圖	圖	圖	圖
南	南	南	南	南	南
之	之	之	之	之	之
高	高	高	高	高	高
旣	旣	旣	旣	旣	旣
醉	醉	醉	醉	醉	醉
於	於	於	於	於	於
誦	誦	誦	誦	誦	誦
言	言	言	言	言	言
競	競	競	競	競	競
嗤	嗤	嗤	嗤	嗤	嗤
爲	爲	爲	爲	爲	爲
魔	魔	魔	魔	魔	魔
語	語	語	語	語	語
是	是	是	是	是	是
用	用	用	用	用	用
韜	韜	韜	韜	韜	韜
光	光	光	光	光	光
廡	廡	廡	廡	廡	廡
下	下	下	下	下	下
斂	斂	斂	斂	斂	斂
跡	跡	迹	迹	迹	迹
壺	壺	壺	壺	壺	壺
中	中	中	中	中	中
罷	罷	罷	罷	罷	罷
思	思	思	思	思	思
東	東	東	東	東	東
海	海	海	海	海	海
東	東	東	東	東	東

終	終	終	終	終	終
遁	遁	■	遁	遁	遁
北	北	北	北	北	北
山	山	山	山	山	山
豈	豈	豈	豈	豈	豈
大	大	太	大	大	大
易	易	易	易	易	易
之	之	之	之	之	之
無	無	無	無	無	無
悶	悶	悶	悶	悶	悶
中	中	中	中	中	中
庸	庸	庸	庸	庸	庸
之	之	之	之	之	之
不	不	不	不	不	不
悔	悔	悔	悔	悔	悔
者	者	者	者	者	者
耶	耶	邪	邪	邪	邪
然	然	華	華	華	華
秀	秀	秀	秀	秀	秀
冬	冬	冬	冬	冬	冬
嶺	嶺	嶺	嶺	嶺	嶺
芳	芳	■	芳	芳	芳
定	定	定	定	定	定
林	林	■■ ■■ ■	林	林	林
蟻	螘	螘	螘	螘	螘
慕	慕	慕	慕	慕	慕
者	者	者	者	者	者
彌	彌	彌	彌	彌	弥
山	山	山	山	山	山
鴈	雁	雁	雁	雁	雁
化	化	化	化	化	化
者	者	者	者	者	者
幽	幽	出	出	出	出
谷	谷	谷	谷	谷	谷
道	道	道	道	道	道
不	不	不	不	不	不
可	可	可	可	可	可
廢	廢	廢	廢	廢	廢
時	時	時	時	時	時
然 後	然 後	然	然 後	然 ■	然
行	行	行	行	行	行

及	及	及	及	及	及
興	興	興	興	興	興
德	德	德	德	德	德
大	大	大	大	大	大
王	王	王	王	王	王
纂	纂	纂	纂	纂	纂
戎	戎	戎	戎	戎	戎
宣	宣	宣	宣	宣	宣
康	康	康	康	康	康
太	太	太	太	太	太
子	子	子	子	子	子
監	監	監	監	監	監
撫	撫	撫	撫	撫	撫
去	去	去	去	去	去
邪	邪	邪	邪	邪	邪
醫	醫	豎	豎	豎	豎
國	國	國	國	國	國
樂	樂	樂	樂	樂	樂
善	善	善	善	善	善
肥	肥	肥	肥	肥	肥
家	家	家	家	家	家
有	有	有	有	有	有
洪	洪	洪	洪	洪	洪
陟	陟	涉	陟	陟	陟
大	大	大	大	大	大
師	師	師	師	師	師
亦	去	亦	亦	亦	亦
西	西	西	西	西	西
堂	堂	堂	堂	堂	堂
證	證	證	證	證	證
心	心	心	心	心	心
來	來	來	來	來	來
南	南	南	南	南	南
岳	岳	岳	岳	岳	岳
休	休	休	休	休	休
足	足	足	足	足	足
鷲	鷲	鷲	鷲	鷲	鷲
冕	冕	冕	冕	冕	冕
陳	陳	陳	陳	陳	陳
順	順	順	順	順	順
風	風	風	風	風	風
之	之	之	之	之	之
請	請	請	請	請	請
龍	龍	龍	龍	龍	龍

樓	樓	德	樓	樓	樓
慶	慶	慶	慶	慶	慶
開	開	開	開	開	開
霧	霧	霧	霧	霧	霧
之	之	之	之	之	之
期	期	期	期	期	期
顯	顯	顯	顯	顯	顯
示	示	示	示	示	示
密	密	密	密	密	密
傳	傳	傳	傳	傳	傳
朝	朝	朝	朝	朝	朝
凡	凡	凡	凡	凡	凡
暮	暮	暮	暮	暮	暮
聖	聖	聖	聖	聖	聖
變	變	變	變	變	變
非	非	非	非	非	非
蔚	蔚	蔚	蔚	蔚	蔚
也	也	也	也	也	也
興	興	興	興	興	興
且	且	且	且	且	且
勃	勃	■■ ■■ ■■ 勃	勃	勃	勃
焉	焉	焉	焉	焉	焉
試	試	試	試	試	試
較	覷	覷	覷	覷	覷
	較	較	較	較	較
其	其	其	其	其	其
宗	宗	宗	宗	宗	宗
趣	趣	趣	趣	趣	趣
則	則	則	則	則	則
修	修	修	修	修	修
乎	乎	乎	乎	乎	乎
修	修	修	修	修	修
沒	沒	設	沒	沒	沒
修	修	修	修	修	修
證	證	證	證	證	證
乎	乎	乎	乎	乎	乎
證	證	證	證	證	證
沒	沒	設	沒	沒	沒
證	證	證	證	證	證
其	其	其	其	其	其
靜	靜	靜	靜	靜	靜

也	也	也	也	也	也
山	山	山	山	山	山
立	立	立	立	立	立
其	其	其	其	其	其
動	動	動	動	動	動
也	也	也	也	也	也
谷	谷	谷	谷	谷	谷
應	應	應	應	應	應
無	無	無	無	無	無
爲	爲	爲	爲	爲	爲
之	之	之	之	之	之
益	益	益	益	益	益
不	不	不	不	不	不
爭	爭	爭	爭	爭	爭
而	而	而	而	而	而
勝	勝	勝	勝	勝	勝
於	於	於	於	於	於
是	是	是	是	是	是
乎	乎	乎	乎	乎	乎
東	東	東	東	東	東
人	人	人	人	人	人
方	方	方	方	方	方
寸	寸	寸	寸	寸	寸
地	地	地	地	地	地
靈	靈	虛	虛	虛	虛
矣	矣	矣	矣	矣	矣
能	能	能	能	能	能
以	以	以	以	以	以
靜	靜	■			青彡
利	利	利	利	利	利
利	利	利	利	利	利
海	海	海	海	海	海
外	外	外	外	外	外
不	不	不	不	不	不
言	言	言	言	言	言
其	其	其	其	其	其
所	所	所	所	所	所
利	利	利	利	利	利
大	大	大	大	大	大
矣	矣	矣	矣	矣	矣
哉	哉	哉	哉	哉	哉
爾	爾	爾	爾	爾	尒
後	後	後	後	後	後
觴	觴	觴	觴	觴	觴

騫	騫	騫	騫	騫	騫
河	河	河	河	河	河
筌	筌	筌	筌	筌	筌
融	融	融	融	融	融
道	道	道	道	道	道
無	無	無	無	無	無
念	念	念	念	念	念
爾	爾	爾	爾	爾	尒
祖	祖	祖	祖	祖	祖
寔	寔	寔	寔	寔	寔
繁	繁	繁	繁	繁	繁
有	有	有	有	有	有
徒	徒	徒 ■■	徒	徒	徒
或	或	或	或	或	或
釼	釼	劍	劍	劍	劍
化	化	化	化	化	化
延	延	■■ ■■ ■■	延	延	延
津	津	津	津	津	津
或	或	或	或	或	或
珠	珠	珠	珠	珠	珠
還	還	還	還	還	還
合	合	合	合	合	合
浦	浦	浦	浦	浦	浦
爲	爲	爲	爲	爲	爲
巨	巨	巨	巨	巨	巨
擘	擘	擘	擘	擘	擘
者	者	者	者	者	者
可	可	可	可	可	可
屈	屈	屈	屈	屈	屈
指	指	指	指	指	指
焉	焉	焉	焉	焉	焉
西	西	西	西	西	西
化	化	化	化	化	化
則	則	則	則	則	則
靜	靜	靜	靜	靜	靜
衆	衆	衆	衆	衆	衆
無	無	無	無	無	無
相	相	相	相	相	相
常	常	常	常	常	常
山	山	山	山	山	山
慧	慧	慧	慧	慧	慧

覺	覺	覺	覺	覺	覺
		禪	禪	禪	禪
		譜	譜	譜	譜
益	益	益	益	益	益
州	州	州	州	州	州
金	金	金	金	金	金
鎭	鎭	鎭	鎭	鎭	鎭
州	州	州	州	州	州
金	金	金	金	金	金
者	者	者	者	者	者
是	是	是	是	是	是
東	東	東	東	東	東
歸	歸	歸	歸	歸	歸
則	則	則	則	則	則
前	前	前	前	前	前
所	所	所	所	所	所
敍	敍	敍	敍	敍	敍
北	北	北	北	北	北
山	山	山	山	山	山
義	義	義	義	義	義
南	南	南	南	南	南
岳	岳	岳	岳	岳	岳
陟	陟	陟	陟	陟	陟
而	而	而	而	而	而
降	降	降	降	降	降
泰	大	夫	大	太	大
安	安	大	安	安	安
徹	徹	■	徹	徹	徹
國	國	國	國	國	國
師	師	師	師	師	師
惠	慧	慧	慧	慧	慧
目	目	目	目	目	目
育	育	育	育	育	育
智	智	智	智	智	智
力	力	力	力	力	力
聞	聞	聞	聞	聞	聞
雙	雙	雙	雙	雙	雙
溪	溪	溪	溪	溪	溪
炤	照	照	照	照	照
新	新	新	新	新	新
興	興	興	興	興	興
彦	彦	彦	彦	彦	彦
涌	涌	涌	涌	涌	涌
巖	岩	■	岩	■	岩

體	體	體	體	體	體
珍	珍	珍	珍	珍	珍
丘	丘	丘	丘	■	丘
休	休	休	休	休	休
雙	雙	雙	雙	雙	雙
峰	峰	峰	峰	峰	峰
雲	雲	雲	雲	雲	雲
孤	孤	孤	孤	孤	孤
山	山	山	山	山	山
日	日	日	日	日	日
兩	兩	兩	兩	兩	兩
朝	朝	朝	朝	朝	朝
國	國	國 ■■ ■■ ■■ ■	國	國	國
師	師	師	師	師	師
聖	聖	聖	聖	聖	聖
住	住	住	住	住	住
染	染	■	染	染	染
菩	菩	菩	菩	菩	菩
提	提	提	提	提	提
宗	宗	宗	宗	宗	宗
德	德	德	德	德	德
之	之	之	之	之	之
厚	厚	厚	厚	厚	厚
爲	爲	爲	爲	爲	爲
父	父	父	父	父	父
衆	衆	衆	衆	衆	衆
生	生	生	生	生	生
道	道	道	道	道	道
之	之	之	之	之	之
尊	尊	尊	尊	尊	尊
爲	爲	爲	爲	爲	爲
師	師	師	師	師	師
王	王	王	王	王	王
者	者	者	者	者	者
古	古	古	古	古	古
所	所	所	所	所	所
謂	謂	謂	謂	謂	謂
逃	逃	逃	逃	逃	逃
名	名	名	名	名	名
名	名	名	名	名	名

我	我	我	我	我	我
隨	隨	隨	隨	隨	隨
避	避	避	避	避	避
聲	聲	聲	聲	聲	聲
聲	聲	聲	聲	聲	聲
我	我	我	我	我	我
追	追	追	追	追	追
者	者	者	者	者	者
故 得	故 得	故	故	故	故
皆	皆	皆	皆	皆	皆
化	化	化	化	化	化
被	被	被	被	被	被
恒	恒	恒	恒	恒	恒
沙	沙	沙	沙	沙	沙
蹟	蹟	蹟	蹟	蹟	蹟
傳	傳	傳	傳	傳	傳
豈	豈	豈	豈	豈	豈
石	石	石	石	石	石
有	有	有	有	有	有
令	令	令	令	令	令
兄	兄	兄	兄	兄	兄
弟	弟	弟	弟	弟	弟
宜	宜	宜	宜	宜	宜
爾	爾	爾	爾	爾	介
子	子	子	子	子	子
孫	孫	孫	孫	孫	孫
俾	俾	俾	俾	俾	俾
定	定	定	定	定	定
林	林	林	林	林	林
標	標	標	標	標	標
秀	秀	秀	秀	秀	秀
於	於	於	於	於	於
鷄	鷄	鷄	鷄	鷄	鷄
林	林	林	林	林	林
慧	慧	慧	慧	慧	慧
水	水	水	水	水	水
安	安	安	安	安	安
流	流	流	流	流	流
於	於	於	於	於	於
鰈	鰈	■	鰈	鰈	鰈
水	水	水	水	水	水
		■	者	者	者
矣	矣	矣	矣	矣	矣

別	別	別	別	別	別
有	有	有	有	有	有
不	不	不	不	不	不
戸	戸	戸	戸	戸	戸
不	不	不	不	不	不
牖	牖	牖	牖	牖	牖
而	而	而	而	而	而
見	見	見	見	見	見
大	大	大	大	大	大
道	道	道	道	道	道
不	不	不	不	不	不
山	山	山	山	山	山
不	不	不	不	不	不
海	海	海	海	海	海
而	而	而	而	而	而
得	得	得	得	得	得
上	上	上	上	上	上
寶	寶	寶	寶	寶	寶
恬	恬	恬	恬	恬	恬
然	然	然	然	然	然
息	息	息	息	息	息
意	意	意	意	意	意
澹	澹	澹	澹	澹	澹
乎	乎	乎	乎	乎	乎
忘	忘	忘	忘	忘	忘
味	味	味	味	味	味
彼	彼	彼	彼	彼	彼
岸	岸	岸	岸	岸	岸
也	也	也	也	也	也
不	不	不	不	不	不
行	行	行	行	行	行
而	而	而	而	而	而
至	至	至	至	至	至
此	此	此	此	此	此
土	土	土	土	土	土
也	也	也	也	也	也
不	不	不	不	不	不
嚴	嚴	嚴	嚴	嚴	嚴
而	而	而	而	而	而
治	治	治	治	治	治
七	七	七	七	七	七
賢	賢	賢	賢	賢	賢
孰	孰	孰	孰	孰	孰
取	取	取	取	取	取

譬	譬	譬	譬	譬	譬
十	十	十	十	十	十
住	住	住	住	住	住
難	難	難	難	難	難
定	定	定	定	定	定
位	位	位	位	位	位
者	者	者	者	者	者
賢	賢	賢	賢	賢	賢
鷄	鷄	鷄	鷄	鷄	鷄
山	山	山	山	山	山
智	智	智	智	智	智
證	證	證	證	證	證
大	大	大	大	大	大
師	師	師	師	師	師
其	其	其	其	其	其
人	人	人	人	人	人
也	也	也	也	也	也
始	始	始	始	始	始
大	大	大	大	大	大
成	成	成	成	成	成
也	也	也	也	也	也
發	發	發	發	發	發
蒙	蒙	蒙	蒙	蒙	蒙
于	于	于	于	于	于
梵	梵	梵	梵	梵	梵
體	體	體	體	體	體
大	大	大	大	大	大
德	德	德	德	德	德
稟	稟	稟	稟	稟	稟
具	具	具	具	具	具
于	于	于	于	于	于
瓊	瓊	瓊	瓊	瓊	瓊
儀	儀	儀	儀	儀	儀
律	律	律	律	律	律
師	師	師	師	師	師
終	終	終	終	終	終
上	上	上	上	上	上
達	達	達	達	達	達
也	也	也	也	也	也
探	探	探	探	探	探
玄	玄	玄	玄	玄	玄
于	于	于	于	于	于
惠	慧	慧	慧	慧	慧
隱	隱	隱	隱	隱	隱

嚴	嚴	巖	嚴	嚴	嚴
君	君	居	君	君	君
受	受	乎	乎	乎	乎
默	默	默	默	默	默
于	于	于	于	于	于
楊	楊	楊	楊	楊	楊
孚	孚	孚	孚	孚	孚
令	令	合	令	令	令
子	子	于	子	子	子
法	法	法	法	法	法
胤	胤	胤	胤	胤	胤
唐	唐	唐	唐	唐	唐
四	四	四	四	四	四
祖	祖	祖	祖	祖	祖
爲	爲	爲	爲	爲	爲
五	五	五	五	五	五
世	世	世	世	世	世
父	父	父	父	父	父
東	東	東	東	東	東
漸	漸	漸	漸	漸	漸
于	于	于	于	于	于
海	海	海	海	海	海
遡	遡	遡	遡	遡	遡
流	游	游	游	游	游
數	數	數	數	數	數
之	之	之	之	之	之
雙	雙	雙	雙	雙	雙
峰	峰	峰	峰	峰	峰
子	子	子	子	子	子
法	法	法	法	法	法
朗	朗	朗	朗	朗	朗
孫	孫	孫	孫	孫	孫
愼	愼	愼	愼	愼	愼
行	行	行	行	行	行
曾	曾	曾	曾	曾	曾
孫	孫	孫	孫	孫	孫
遵	遵	遵	遵	遵	遵
範	範	範	範	範	範
玄	玄	玄	玄	玄	玄
孫	孫	孫	孫	孫	孫
惠	慧	慧	慧	慧	慧
隱	隱	隱	隱	隱	隱
末	末	來	來	來	來
孫	孫	孫	孫	孫	孫

大	大	大	大	大	大
師	師	師	師	師	師
也	也	也	也	也	也
朗	朗	朗	朗	朗	朗
大	大	大	大	大	大
師	師	師	師	師	師
從	從	從	從	從	從
大	大	大	大	大	大
醫	醫	毉	毉	毉	毉
之	而	之	之	之	之
大	大	大	大	大	大
證	證	證	證	證	證
按	按	按	按	按	按
杜	杜	杜	杜	杜	杜
中	中	中	中	中	中
書	書	書	書	書	書
正	正	正	正	正	正
倫	倫	倫	倫	倫	倫
纂	纂	纂	纂	纂	纂
銘	銘	銘	銘	銘	銘
		敍	敍	敍	敍
云	云	云	云	云	云
遠	遠	遠	遠	遠	遠
方	方	方	方	方	方
奇	奇	奇	奇	奇	奇
士	士	士	士	士	士
異	異	異	異	異	異
域	域	域	域	域	域
高	高	高	高	高	高
人	人	人	人	人	人
無	無	無	無	無	無
憚	憚	憚	憚	憚	憚
嶮	險	險	險	險	險
道	途	途	途	途	途
來	來	來	來	來	來
至	至	至	至	至	至
珍	寶	■	珍	珍	珍
所	所	所	所	所	所
則	則	則	則	則	則
掬	掬	掬	掬	掬	掬
寶	貿	寶	寶	寶	寶
歸	歸	歸	歸	歸	歸
止	止	止	止	止	止
非	非	非	非	非	非

師	師	師	師	師	師
而	而	而	而	而	而
誰	誰	誰	誰	誰	誰
第	第	■	第	第	第
知	知		知	知	知
者	者	者	者	者	者
不	不	不	不	不	不
言	言	言	言	言	言
復	復	復	復	復	復
藏	藏	藏	藏	藏	藏
乎	于	于	于	于	于
密	密	密	密	密	密
能	能	能	能	能	能
擇	撢	撢	撢	撢	撢
秘	秘	秘	秘	秘	秘
藏	藏	藏	藏	藏	藏
惟	唯	唯	唯	唯	唯
行	行	行	行	行	行
大	大	大	大	大	大
師	師	師	師	師	師
然	然	然	然	然	然
時	時	時	時	時	時
不	不	不	不	不	不
利	利	利	利	利	利
兮	兮	兮	兮	兮	兮
道	道	道	道	道	道
未	未	未	未	未	未
亨	亨	亨	亨	亨	亨
也	也	也	也	也	也
乃	乃	乃	乃	乃	乃
浮	浮	浮	浮	浮	浮
于	于	于	于	于	于
海	海	海	海	海	海
聞	聞	聞	聞	聞	聞
于	于	于	于	于	于
天	天	天	天	天	天
肅	肅	肅	肅	肅	肅
宗	宗	宗	宗	宗	宗
皇	皇	皇	皇	皇	皇
帝	帝	帝	帝	帝	帝
躬	躳	寵	寵	寵	寵
貽	貽	貽	貽	貽	貽
天	天	天	天	天	天
什	什	什	什	什	什

曰	曰	曰	曰	曰	曰
龍	龍	龍	龍	龍	龍
兒	兒	兒	兒	兒	兒
渡	渡	渡	渡	渡	渡
海	海	海	海	海	海
不	不	不	不	不	不
憑	憑	憑	憑	憑	憑
筏	筏	筏	筏	筏	筏
鳳	鳳	鳳	鳳	鳳	鳳
子	子	子	子	子	子
沖	沖	沖	沖	沖	沖
虛	虛	虛	虛	虛	虛
無	無	無	無	無	無
認	認	認	認	認	認
月	月	月	月	月	月
師	師	師	師	師	師
以	以	以	以	以	以
山	山	山	山	山	山
鳥	鳥	鳥	鳥	鳥	鳥
海	海	海	海	海	海
龍	龍	龍	龍	龍	龍
二	二	二	二	二	二
句	句	句	句	句	句
爲	爲	爲	爲	爲	爲
對	對	對	對	對	對
有	有	有	有	有	有
深	深	深	深	深	深
旨	旨	旨	旨	旨	旨
哉	哉	哉	哉	哉	哉
東	東	東	東	東	東
還	還	還	還	還	還
三	三	三	三	三	三
傳	傳	■	傳	傳	(傳)
至	至	■	至	至	(至)
大	大	大	大	大	大
師	師	師	師	師	師
畢	畢	畢	畢	畢	畢
萬	萬	萬	萬	萬	萬
之	之	之	之	之	之
後	後	後	後	後	後
斯	斯	斯	斯	斯	斯
驗	驗	驗	驗	驗	驗
矣	矣	矣	矣	矣	矣
其	其	其	其	其	其

世	世	世	世	世	世
緣	緣	緣	緣	緣	緣
則	則	則	則	則	則
王	王	王	王	王	王
都	都	都	都	都	都
人	人	人	人	人	人
金	金	金	金	金	金
姓	姓	姓	姓	姓	姓
子	子	子	子	子	子
號	號	號	號	號	號
道	道	道	道	道	道
憲	憲	憲	憲	憲	憲
字	字	字	字	字	字
智	智	智	智	智	智
詵	詵	詵	詵	詵	詵
父	父	父	父	父	父
贊	贊	贊	贊	贊	贊
瓌	環	瓌	瓌	瓌	瓌
母	母	母	母	母	母
伊	伊	伊	伊	伊	伊
氏	氏	氏	氏	氏	氏
長	長	長	長	長	長
慶	慶	慶	慶	慶	慶
甲	甲	甲	甲	甲	甲
辰	辰	辰	辰	辰	辰
歲	歲	歲	歲	歲	歲
現	現	現	現	現	現
乎	乎	乎	乎	乎	乎
世	世	世	世	世	世
中	中	中	中	中	中
和	和	和	和	和	和
壬	壬	壬	壬	壬	壬
寅	寅	寅	寅	寅	寅
歷	曆	曆	曆	曆	曆
歸	歸	歸	歸	歸	歸
乎	乎	乎	乎	乎	乎
寂	寂	寂	寂	寂	寂
宴	宴	恣	恣	恣	恣
坐	坐	坐	坐	坐	坐
也	也	也	也	也	也
四	四	四	四	四	四
十	十	十	十	十	十
三	三	三	三	三	三
夏	夏	夏	夏	夏	夏

歸	歸	歸	歸	歸	歸
全	全	全	全	全	全
也	也	也	也	也	也
五	五	五	五	五	五
十	十	十	十	十	十
九	九	九	九	九	九
年	年	年	年	年	年
其	其	其	其	其	其
具	具	具	具	具	具
體	體	體	體	體	體
則	則	則	則	則	則
身	身	身	身	身	身
仞	仞	仞	仞	仞	仞
餘	餘	餘	餘	餘	餘
面	面	面	面	面	面
尺	尺	尺	尺	尺	尺
所	所	所	所	所	所
儀	儀	儀	儀	儀	儀
狀	狀	狀	狀	狀	狀
魁	魁	魁	魁	魁	魁
岸	岸	岸	岸	岸	岸
語	語	語	語	語	語
言	言	言	言	言	言
雄	雄	雄	雄	雄	雄
亮	亮	亮	亮	亮	亮
眞	眞	眞	眞	眞	眞
所	所	所	所	所	所
謂	謂	謂	謂	謂	謂
威	威	威	威	威	威
而	而	而	而	而	而
不	不	不	不	不	不
猛	猛	猛	猛	猛	猛
者也	者	者	者	者	者
始	始	■	始	始	(始)
孕	孕	■	孕	孕	(孕)
洎	洎	洎	洎	洎	洎
滅	滅	滅	滅	滅	滅
奇	奇	奇	奇	奇	奇
蹤	踪	蹤	蹤	蹤	蹤
秘	秘	秘	秘	秘	秘
說	說	說	說	說	說
神	神	神	神	神	神
出	出	出	出	出	出

鬼	鬼	鬼	鬼	鬼	鬼
沒	沒	沒	沒	沒	沒
筆	筆	筆	筆	筆	笔
不	不	不	不	不	不
可	可	加	加	加	加
記	紀	紀	紀	紀	紀
今	今	今	今	今	今
撮	撮	探	探	撮	探
其	其	其	其	其	其
感	感	感	感	感	感
應	應	應	應	應	應
聳	聳	聳	聳	聳	聳
人	人	人	人	人	人
耳	耳	耳	耳	耳	耳
者	者	者	者	者	者
六	六	六	六	六	六
異	異	異	異	異	異
操	操	操	操	操	操
履	履	履	履	履	履
驚	驚	驚	驚	驚	驚
人	人	人	人	人	人
心	心	心	心	心	心
者	者	者	者	者	者
六	六	六	六	六	六
是	是	是	是	是	是
而	而	而	而	而	而
分	分	分	分	分	分
表	表	表	表	表	表
之	之	之	之	之	之
初	初	初	初	初	初
母	母	母	母	母	母
夢	夢	夢	夢	夢	夢
一	一	一	一	一	一
巨	巨	巨	巨	巨	巨
人	人	人	人	人	人
告之	告	告	告	告	告
曰	曰	曰	曰	曰	曰
僕	僕	僕	僕	僕	僕
昔	昔	昔	昔	昔	昔
勝	勝	勝	勝	勝	勝
見	見	見	見	見	見
佛	佛	佛	佛	佛	佛
季	季	季	季	季	季

世	世	世	世	世	世
爲	爲	爲	爲	爲	爲
桒	桒	桒	桒	桒	桒
門	門	門	門	門	門
以	以	以	以	以	以
嗔	嗔	謓	謓	謓	謓
恚	恚	恚	恚	恚	恚
故	故	故	故	故	故
久	久	久	久	久	久
墮	墮	隨	隨	墮	隨
龍	龍	龍	龍	龍	龍
報	報	報	報	報	報
報	報	報	報	報	報
既	既	既	既	既	既
		既	既	既	既
矣	矣	矣	矣	矣	矣
當	當	當	當	當	當
爲	爲	爲	爲	爲	爲
法	法	法	法	法	法
孫	孫	孫	孫	孫	孫
故	故	故	故	故	故
侂	托	侂	侂	侂	侂
妙	妙	妙	妙	妙	妙
緣	緣	緣	緣	緣	緣
願	願	願	願	願	願
洪	弘	弘	弘	弘	弘
慈	慈	慈	慈	慈	慈
化	化	化	化	化	化
因	因	因	因	因	因
有	有	有	有	有	有
娠	娠	娠	娠	娠	娠
幾	幾	幾	幾	幾	幾
四	四	四	四	四	四
百	百	百	百	百	百
日	日	日	日	日	日
灌	灌	灌	灌	灌	灌
佛	佛	佛	佛	佛	佛
之	之	■	之	之	之
旦	旦	旦	旦	旦	旦
誕	誕	誕	誕	誕	誕
焉	焉	焉	焉	焉	焉
事	事	事	事	事	事
驗	驗	驗	驗	驗	驗
蟒	蟒	蟒	蟒	蟒	蟒

亭	亭	亭	亭	亭	亭
夢	夢	夢	夢	夢	夢
符	符	符	符	符	符
像	像	像	像	像	像
室	室	室	室	室	室
使	使	使	使	使	使
佩	佩	佩	佩	佩	佩
韋	韋	韋	韋	韋	韋
者	者	者	者	者	者
盆	盆	盆	盆	盆	盆
戒	誡	試	試	試	誡
擁	擁	擁	擁	擁	擁
毳	毳	毳	毳	毳	毳
者	者	者	者	者	者
精	精	精	精	精	精
修	修	修	修	修	修
降	降	降	降	降	降
生	生	生	生	生	生
之	之	之	之	之	之
異	異	異	異	異	異
一	一	一	一	一	一
也	也	也	也	也	也
生	生	生	生	生	生
數	數	數	數	數	數
夕	夕	夕	夕	夕	夕
不	不	不	不	不	不
嚥	嚥	嚥	嚥	嚥	嚥
乳	乳	乳	乳	乳	乳
穀	穀	穀	穀	穀	穀
之	之	之	之	之	之
則	則	則	則	則	則
號	啼	號	號	號	號
欲	欲	欲	欲	欲	欲
嗄	嗄	嗄	嗄	嗄	嗄
欻	欻	欻	欻	欻	欻
有	有	有	有	有	有
道	道	道	道	道	道
人	人	人	人	人	人
過	過	過	過	過	過
門	門	門	門	門	門
誨	誨	誨	誨	誨	誨
曰	曰	曰	曰	曰	曰
欲	欲	欲	欲	欲	欲
兒	兒	兒	兒	兒	兒

無	無	無	無	無	無
聲	聲	聲	聲	聲	聲
忍	忍	忍	忍	忍	忍
絶	絶	絶	絶	絶	絶
葷	葷	君	君	君	君
腥	腥	腥	腥	腥	腥
母	母	母	母	母	母
從	從	從	從	從	從
之	之	之	之	之	之
竟	竟	竟	竟	竟	竟
無	無	無	無	無	無
恙	恙	恙	恙	恙	恙
使	使	使	使	使	使
乳	乳	乳	乳	乳	乳
育	育	育	育	育	育
者	者	者	者	者	者
加	加	加	加	加	加
愼	愼	愼	愼	愼	愼
肉	肉	肉	肉	肉	肉
湌	湌	湌	湌	食	湌
者	者	者	者	者	者
懷	懷	懷	懷	懷	懷
慙	慚	慙	慙	慙	慙
宿	宿	宿	宿	宿	宿
習	習	習	習	習	習
之	之	之	之	之	之
異	異	異	異	異	異
二	二	二	二	二	二
也	也	也	也	也	也
九	九	九	九	九	九
歲	歲	歲	歲	歲	歲
喪	喪	喪	喪	喪	喪
父	父	父	父	父	父
殆	殆	殆	殆	殆	殆
毁	毁	毁	毁	毁	毁
滅	滅	滅	滅	滅	滅
有	有	有	有	有	有
追	追	追	追	追	追
福	福	福	福	福	福
僧	僧	僧	僧	僧	僧
憐	憐	憐	憐	憐	憐
之	之	之	之	之	之
喩	諭	論	論	諭	論
曰	曰	曰	曰	曰	曰

幻	幻	幻	幻	幻	幻
躬	軀	軀	軀	軀	軀
易	易	易	易	易	易
滅	滅	滅	滅	滅	滅
壯	壯	壯	壯	壯	壯
志	志	志	志	志	志
難	難	難	難	難	難
成	成	成	成	成	成
昔	昔	昔	昔	昔	昔
佛	佛	佛	佛	佛	佛
報	報	報	報	報	報
恩	恩	恩	恩	恩	恩
有	有	有	有	有	有
大	大	大	大	大	大
方	方	方	方	方	方
便	便	便	便	便	便
子	子	子	子	子	子
勉	勉	勉	勉	勉	勉
之	之	之	之	之	之
因	因	因	因	因	因
感	感	感	感	感	感
悟	悟	悟	悟	悟	悟
輟	輟	輟	輟	輟	輟
哭	哭	哭	哭	哭	哭
白	白	白	白	白	白
所	所	所	所	所	所
生	生	主	生	生	生
請	請	請	請	請	請
歸	歸	歸	歸	歸	歸
道	道	道	道	道	道
母	母	母	母	母	母
慈	慈	慈	慈	慈	慈
其	其	其	其	其	其
幼	幼	幼	幼	幼	幼
復	復	復	復	復	復
念	念	念	念	念	念
保	保	保	保	保	保
家	家	家	家	家	家
無	無	無	無	無	無
主	主	主	主	主	主
確	確	確	確	確	確
不	不	不	不	不	不
許	許	許	許	許	許
耳	耳	耳	耳	耳	耳

踰	踰	踰	踰	踰	踰
城	城	城	城	城	城
故	故	故	故	故	故
事	事	事	事	事	事
卽	則	則	則	則	則
亡	亡	亡	亡	亡	亡
去	去	去	去	去	去
就	就	就	就	就	就
學	學	學	學	學	學
浮	浮	浮	浮	浮	浮
石	石	石	石	石	石
寺	山	山	山	山	山
忽	忽	忽	忽	忽	忽
一	一	一	一	一	一
日	日	日	日	日	日
心	心	心	心	心	心
驚	驚	驚	驚	驚	驚
坐	坐	坐	坐	坐	坐
屢	屢	屢	屢	屢	屢
遷	遷	遷	遷	遷	遷
俄	俄	俄	俄	俄	俄
聞	聞	聞	聞	聞	聞
倚	倚	倚	倚	倚	倚
閭	閭	閭	閭	閭	閭
有	成	成	成	成	成
疾	疾	疾	疾	疾	疾
去	遽	遽	遽	遽	遽
歸	歸	歸	歸	歸	歸
省	省	省	省	省	省
而	而	而	而	而	而
病	病	病	病	病	病
隨	隨	隨	隨	隨	隨
愈	愈	愈	愈	愈	愈
時	時	時	時	時	時
人	人	人	人	人	人
方之	方之	方	方	方	方
阮	阮	阮	阮	阮	阮
孝	孝	孝	孝	孝	孝
緖	緖	緖	緖	緖	緖
居	居	居	居	居	居
無	無	無	無	無	無
何	何	何	何	何	何
染	染	染	染	染	染

沉	沈	沉	沈	沈	沈
疴	疴	疴	疴	疴	疴
謁	謁	謁	謁	謁	謁
醫	醫	毉	毉	毉	毉
無	無	無	無	無	無
效	效	效	效	效	效
枚	枚	枚	枚	枚	枚
卜	卜	卜	卜	卜	卜
之	之	之	之	之	之
僉	僉	僉	僉	僉	僉
曰	曰	曰	曰	曰	曰
宜	宜	宜	宜	宜	宜
名	名	名	名	名	名
隸	隸	隸	隸	隸	隸
大	大	大	大	大	大
神	神	神	神	神	神
母	母	母	母	母	母
追	推	追	追	追	追
惟	惟	惟	惟	惟	惟
囊	囊	囊	囊	囊	囊
夢	夢	夢	夢	夢	夢
試	試	誡	誡	誡	誡
覆	覆	覆	覆	覆	覆
以	以	以	以	以	以
方	方	方	方	方	方
裒	裒	裒	裒	裒	裒
而	而	而	而	而	而
泣	泣	泣	泣	泣	泣
誓	誓	誓	誓	誓	誓
言	言	言	言	言	言
斯	斯	斯	斯	斯	斯
疾	疾	疾	疾	疾	疾
若	若	若	若	若	若
起	起	起	起	起	起
乞	乞	乞	乞	乞	乞
佛	佛	佛	佛	佛	佛
爲	爲	爲	爲	爲	爲
子	子	子	子	子	子
信	信	信	信	信	信
宿	宿	宿	宿	宿	宿
果	果	果	果	果	果
大	大	大	大	大	大
瘳	瘳	瘳	瘳	瘳	瘳
仰	仰	仰	仰	仰	仰

悟	悟	悟	悟	悟	悟
慈	慈	慈	慈	慈	慈
親	親	親	親	親	親
終	終	終	終	終	終
成	成	成	成	成	成
素	素	素	素	素	素
志	志	志	志	志	志
使	使	使	使	使	使
舐	舐	舐	舐	舐	舐
犢	犢	犢	犢	犢	犢
者	者	者	者	者	者
割	割	割	割	割	割
愛	愛	受	愛	愛	(愛)
飲	飲	飲	飲	飲	飲
蛇	蛇	虵	蛇	蛇	蛇
者	者	者	者	者	者
釋	釋	擇	釋	釋	(釋)
疑	疑	疑	疑	疑	疑
孝	孝	孝	孝	孝	孝
感	感	感	感	感	感
之	之	之	之	之	之
異	異	異	異	異	異
三	三	三	三	三	三
也	也	也	也	也	也
至	至	至	至	至	至
十	十	十	十	十	十
七	七	七	七	七	七
受	受	受	受	受	受
具	具	具	具	具	具
始	始	始	始	始	始
就	就	就	就	就	就
壇	壇	壇	壇	壇	壇
覺	覺	覺	覺	覺	覺
袖	袖	袖	袖	袖	袖
中	中	中	中	中	中
神光	光	光	神光	光	光
熠	熠	熠	熠	熠	熠
熠	熠	熠	熠	熠	熠
然	然	然	然	然	然
探	探	探	探	探	探
之	之	之	之	之	之
得	得	得	得	得	得
一	一	一	一	一	一

珠	珠	珠	珠	珠	珠
豈	豈	豈	豈	豈	豈
有	有	有	有	有	有
心	心	心	心	心	心
而	而	而	而	而	而
求	求	求	求	求	求
乃	迺	乃	乃	乃	乃
無	無	無	無	無	無
脛	脛	脛	脛	脛	脛
而	而	而	而	而	而
至	至	至	至	至	至
眞	眞	眞	眞	眞	眞
六	六	六	六	六	六
度	度	度	度	度	度
經	經	經	經	經	經
所	所	所	所	所	所
喩	喩	喩	喩	喩	喩
矣	矣	矣	矣	矣	矣
使	使	使	使	使	使
飢	飢	飢	飢	飢	飢
呼	呼	嘑	嘑	嘑	嘑
者	者	者	者	者	者
自	自	自	自	自	自
飽	飽	飽	飽	飽	飽
醉	醉	醉	醉	醉	醉
偃	倒	偃	偃	偃	偃
者	者	者	者	者	者
能	能	能	能	能	能
醒	醒	腥	醒	醒	醒
勵	勵	勵	勵	勵	勵
心	心	心	心	心	心
之	之	之	之	之	之
異	異	異	異	異	異
四	四	四	四	四	四
也	也	也	也	也	也
坐	坐	坐	坐	坐	坐
雨	雨	雨	雨	雨	雨
竟	竟	竟	竟	竟	竟
將	將	將	將	將	將
他	他	它	它	它	它
適	適	適	適	適	適
夜	夜	夜	夜	夜	夜
夢	夢	夢	夢	夢	夢
遍	遍	遍	遍	遍	遍

吉	吉	吉	吉	吉	吉
菩	菩	菩	菩	菩	菩
薩	薩	薩	薩	薩	薩
撫	撫	撫	撫	撫	撫
頂	頂	頂	頂	頂	頂
提	提	提	提	提	提
耳	耳	耳	耳	耳	耳
曰	曰	曰	曰	曰	曰
昔	昔	苦	苦	苦	苦
行	行	行	行	行	行
難	難	難	難	難	難
行	行	行	行	行	行
行	行	行	行	行	行
之	之	之	之	之	之
必	必	必	必	必	必
成	成	成	成	成	成
形	形	形	形	形	形
開	開	開	開	開	開
痒	痒	痒	痒	痒	痒
然	然	然	然	然	然
黙	黙	黙	黙	黙	黙
篆	篆	篆	篆	篆	篆
肥	肥	肌	肌	肌	肌
骨	骨	骨	骨	骨	骨
自	自	自	自	自	自
是	是	是	是	是	是
不	不	不	不	不	不
復	復	復	復	復	復
服	服	服	服	服	服
縉	縉	縉	縉	縉	縉
絮	絮	絮	絮	絮	絮
焉	焉	焉	焉	焉	焉
條	條	修	修	修	修
綫	綫	綫	綫	線	綫
之	之	之	之	之	之
須	須	須	須	須	須
用	必	所	所	所	所
必	用	必	必	必	必
麻	麻	麻	麻	麻	麻
楮	楮	楮	楮	楮	楮
不	不	不	不	不	不
穿	穿	穿	穿	穿	穿
達	韃	達	達	達	達
履	履	屣	屣	屣	屣

矧	矧	矧	矧	矧	矧
羽	羽	羽	羽	羽	羽
翣	翣	翣	翣	翣	翣
毛	毛	毛	毛	毛	毛
茵	茵	茵	茵	茵	茵
餘	餘	餘	餘	餘	餘
用	用	用	用	用	用
乎	乎	矣	矣	矣	矣
使	使	使	使	使	使
縕	縕	縕	縕	縕	縕
黂	黂	黂	黂	黂	黂
者	者	者	者	者	者
開	開	開	開	開	開
眼	眼	眼	眼	眼	眼
衣	衣	衣	衣	衣	衣
虫	蟲	蟲	蟲	蟲	蟲
者	者	者	者	者	者
厚	厚	厚	厚	厚	厚
顔	顔	顔	顔	顔	顔
律	律	律	律	律	律
身	身	身	身	身	身
之	之	之	之	之	之
異	異	異	異	異	異
五	五	五	五	五	五
也	也	也	也	也	也
自	自	自	自	自	自
綺	綺	綺	綺	綺	綺
年	年	年	年	年	年
抱	飽	飽	飽	飽	飽
老	老	老	老	老	老
盛	成	成	成	成	成
之	之	之	之	之	之
德	德	德	德	德	德
加	加	加	加	加	加
瑩	瑩	瑩	瑩	瑩	瑩
戒	戒	戒	戒	戒	戒
珠	珠	珠	珠	珠	珠
可	可	可	可	可	可
畏	畏	畏	畏	畏	畏
者	者	者	者	者	者
競	競	競	競	競	競
相	相	相	相	相	相
從	從	從	從	從	從
求	求	求	求	求	求

益	益	益	益	益	益
大	大	大	大	大	大
師	師	師	師	師	師
拒	拒	拒	拒	拒	拒
之	之	之	之	之	之
曰	曰	曰	曰	曰	曰
人之	人	人	人	人	人
大	大	大	大	大	大
患	患	患	患	患	患
好	好	好	好	好	好
爲人	爲人	爲	爲	爲	爲
師	師	師	師	師	師
强	强	强	强	强	强
欲	欲	欲	欲	欲	欲
惠	惠	慧	慧	慧	慧
不	不	不	不	不	不
惠	惠	惠	惠	惠	惠
其	其	其	其	其	其
如	如	如	如	如	如
模	模	摸	模	模	模
不	不	不	不	不	不
模	模	摸	模	模	模
何也	何	邪	何耶	邪	邪
況	況	況	況	況	況
浮	浮	浮	浮	浮	浮
芥	芥	芥	芥	芥	芥
海	海	海	海	海	海
鄕	鄕	鄕	鄕	鄕	鄕
自	自	自	自	自	自
濟	濟	濟	濟	濟	濟
未	未	未	未	未	未
假	暇	暇	暇	暇	暇
無	無	無	無	無	無
影	影	影	影	影	影
逐	逐	逐	逐	逐	逐
爲	爲	爲	爲	爲	爲
必	必	必	必	必	必
笑	笑	笑	笑	笑	笑
之	之	之	之	之	之
態	態	態	態	態	態
後	後	後	後	後	後

山	山	山	山	山	山
行	行	行	行	行	行
有	有	有	有	有	有
樵	樵	樵	樵	樵	樵
叟	叟	叟	叟	叟	叟
假碍	假碍	礙	假碍	礙	礙
前	前	前	前	前	前
路	路	路	路	路	路
曰	曰	曰	曰	曰	曰
先	先	先	先	先	先
覺	覺	覺	覺	覺	覺
覺	覺	覺	覺	覺	覺
後	後	後	後	後	後
覺	覺	覺	覺	覺	覺
何	何	何	何	何	何
須	須	須	須	須	須
恪	恪	拾	拾	恡	恡
空	空	空	空	空	空
殼	殼	殼	殼	殼	殼
就	就	就	就	就	就
之	之	之	之	之	之
則	則	則	則	則	則
無	無	無	無	無	無
見	見	見	見	見	見
焉	焉	焉	焉	焉	焉
爰	爰	爰	爰	爰	爰
愧	愧	媿	媿	媿	媿
且	且	且	且	且	且
悟	悟	悟	悟	悟	悟
不	不	不	不	不	不
阻	阻	阻	阻	阻	阻
來	來	來	來	來	來
求	求	求	求	求	求
森	森	森	森	森	森
竹	竹	竹	竹	竹	竹
葦	葦	葦	葦	葦	葦
于	于	于	于	于	于
鷄	鷄	鷄	鷄	鷄	鷄
藍	藍	籃	籃	籃	籃
山	山	山	山	山	山
水	水	水	水	水	水
石	石	石	石	石	石
寺	寺	寺	寺	寺	寺

俄	俄	俄	俄	俄	俄
卜	卜	卜	卜	卜	卜
築	築	築	築	築	築
他	佗	他	他	他	他
所	所	所	所	所	所
曰	曰	曰	曰	曰	曰
不	不	不	不	不	不
繫	繫	繫	繫	繫	繫
爲	爲	爲	爲	爲	爲
懷	懷	懷	懷	懷	懷
能	能	能	能	能	能
遷	遷	遷	遷	遷	遷
是	是	是	是	是	是
貴	貴	貴	貴	貴	貴
使	使	使	使	使	使
佔	佔	佔	佔	佔	佔
畢	畢	畢	畢	畢	畢
者	者	者	者	者	者
三	三	三	三	三	三
省	省	省	省	省	省
營	營	營	營	營	營
巢	巢	巢	巢	巢	巢
者	者	者	者	者	者
九	九	九	九	九	九
思	思	思	思	思	思
垂	垂	垂	垂	垂	垂
訓	訓	訓	訓	訓	訓
之	之	之	之	之	之
異	異	異	異	異	異
六	六	六	六	六	六
也	也	也	也	也	也
贈	贈	贈	贈	贈	贈
太	太	大	大	大	大
傅	師	師	師	師	師
景	景	景	景	景	景
文	文	文	文	文	文
大	大	大	大	大	大
王	王	王	王	王	王
心	心	心	心	心	心
融	融	融	融	融	融
鼎	鼎	鼎	鼎	鼎	鼎
敎	敎	敎	敎	敎	敎
面	面	面	面	面	面
謁	渴	謁	謁	謁	謁

輪	輪	輪	輪	輪	輪
工	工	工	工	工	工
遙	遙	遙	遙	遙	遙
深	深	深	深	深	深
爾	爾	爾	爾	爾	尒
思	思	思	思	思	思
覬	覬	覬	覬	覬	覬
俾	裨	俾	俾	俾	俾
我	我	我	我	我	我
則	則	卽	卽	卽	卽
乃	乃	乃	乃	乃	乃
寓	寓	寓	寓	寓	寓
書	書	書	書	書	書
曰	曰	曰	曰	曰	曰
伊	伊	伊	伊	伊	伊
尹	尹	尹	尹	尹	尹
大	大	大	大	大	大
通	通	通	通	通	通
宋	宋	宋	宋	宋	宋
纖	纖	■	纖	纖	纖
小	小	小	小	小	小
見	見	見	見	見	見
以	以	以	以	以	以
儒	儒	儒	儒	儒	儒
譬	譬	辟	辟	辟	辟
釋	釋	釋	釋	釋	釋
自	自	自	自	自	自
邇	邇	邇	邇	邇	迩
陟	陟	陟	陟	陟	陟
遐	遠	遠	遠	遠	遠
甸	甸	甸	甸	甸	甸
邑	邑	邑	邑	邑	邑
巖	巖	巖	巖	巖	巖
居	居	居	居	居	居
頗	頗	頗	頗	頗	頗
有	有	有	有	有	有
佳	佳	佳	佳	佳	佳
所	所	所	所	所	所
木	木	木	木	木	木
可	可	可	可	可	可
擇	擇	擇	擇	擇	擇
矣	矣	矣	矣	矣	矣
無	無	無	無	無	無
惜	惜	惜	惜	惜	惜

鳳	鳳	鳳	鳳	鳳	鳳
儀	儀	儀	儀	儀	儀
妙	妙	妙	妙	妙	妙
選	選	選	選	選	選
近	近	近	近	近	近
侍	侍	侍	侍	侍	侍
中	中	中	中	中	中
可	可	可	可	可	可
人	人	人	人	人	人
鵠	鵠	鵠	鵠	鵠	鵠
陵	陵	陵	陵	陵	陵
昆	昆	昆	昆	昆	昆
孫	孫	孫	孫	孫	孫
金立	金立	立	立	立	立
言	言	言	言	言	言
爲	爲	爲	爲	爲	爲
使	使	使	使	使	使
旣	旣	旣	旣	旣	旣
傳	傳	傳	傳	傳	傳
敎	敎	敎	敎	敎	敎
已	已	已	已	已	已
因	因	因	因	因	因
攝	攝	攝	攝	攝	攝
齊	齋	齊	齊	齊	齊
焉	焉	焉	焉	焉	焉
答	答	答	答	答	答
曰	曰	曰	曰	曰	曰
修	修	修	修	修	修
身	身	身	身	身	身
化	化	化	化	化	化
人	人	人	人	人	人
捨	捨	捨	捨	捨	捨
靜	靜	靜	靜	靜	靜
奚	爰	奚	奚	奚	奚
趣	趣	趣	趣	趣	趣
鳥	鳥	鳥	鳥	鳥	鳥
能	能	能	能	能	能
之	之	之	之	之	之
命	命	命	命	命	命
善	善	善	善	善	善
爲	爲	爲	爲	爲	爲
我	我	我	我	我	我
辭	辭	辭	辭	辭	辭

幸	幸	幸	幸	幸	幸
許	許	許	許	許	許
安	安	安	安	安	安
塗	塗	塗	塗	塗	塗
中	中	中	中	中	中
無	無	無	無	無	無
令	令	令	令	令	令
在	在	在	在	在	在
汶	汶	汶	汶	汶	汶
上	上	上	上	上	上
上	上	上	上	上	上
聞	聞	聞	聞	聞	聞
之	之	之	之	之	之
益	益	益	益	益	益
珍	珍	珍	珍	珍	珍
重	重	重	重	重	重
自是	自是	自	自是	自是	自
譽	譽	譽	譽	譽	譽
四	四	■	四	四	(四)
飛	飛	■	飛	飛	(飛)
於	於	於	於	於	於
無	無	無	無	無	無
翼	翼	翼	翼	翼	翼
衆	衆	衆	衆	衆	衆
一	一	一	一	一	一
變	變	變	變	變	變
於	於	於	於	於	於
不	不	不	不	不	不
言	言	言	言	言	言
咸	咸	咸	咸	咸	咸
通	通	通	通	通	通
五	五	五	五	五	五
年	年	年	年	年	年
冬	冬	冬	冬	冬	冬
端	端	端	端	端	端
儀	儀	儀	儀	儀	儀
長	長	長	長	長	長
翁	翁	翁	翁	翁	翁
主	主	主	主	主	主
未	未	未	未	未	未
亡	亡	亡	亡	亡	亡
人	人	人	人	人	人
爲	爲	爲	爲	爲	爲

稱	稱	稱	稱	稱	稱
當	當	當	當	當	當
來	來	來	來	來	來
佛	佛	佛	佛	佛	佛
是	是	是	是	是	是
歸	歸	歸	歸	歸	歸
敬	敬	敬	敬	敬	敬
謂	謂	謂	謂	謂	謂
下	下	下	下	下	下
生	生	生	生	生	生
厚	厚	厚	厚	厚	厚
資	資	資	資	資	資
上	上	上	上	上	上
供	供	供	供	供	供
以	以	以	以	以	以
邑	司	邑	邑	邑	邑
司	邑	司	司	司	司
所	所	所	所	所	所
領	領	領	領	領	領
賢	賢	賢	賢	賢	賢
溪	溪	溪	溪	溪	溪
山	山	山	山	山	山
安	安	安	安	安	安
樂	樂	樂	樂	樂	樂
寺	寺	寺	寺	寺	寺
富	富	富	富	富	富
有	有	有	有	有	有
泉	泉	泉	泉	泉	泉
石	石	石	石	石	石
之	之	之	之	之	之
美	美	美	美	美	美
請	請	請	請	請	請
爲	爲	爲	爲	爲	爲
猿	猿	猿	猿	猿	猿
鶴	鶴	鶴	鶴	鶴	鶴
主	主	主	主	主	主
人	人	人	人	人	人
大師乃	大師乃	乃	乃	(大師)乃	乃
告	告	告	告	告	告
其	其	其	其	其	其
徒	徒	徒	徒	徒	徒
曰	曰	曰	曰	曰	曰
山	山	山	山	山	山

號	號	號	號	號	號
賢	賢	賢	賢	賢	賢
溪	溪	溪	溪	溪	溪
地	地	地	地	地	地
殊	殊	殊	殊	殊	殊
愚	愚	愚	愚	愚	愚
谷	谷	谷	谷	谷	谷
寺	寺	寺	寺	寺	寺
名	名	名	名	名	名
安	安	安	安	安	安
樂	樂	樂	樂	樂	樂
僧	僧	僧	僧	僧	僧
盍	盍	無	盍	盍	盍
住	住	住	住	住	住
持	持	持	持	持	持
從	從	從	從	從	從
之	之	之	之	之	之
徒	徒	徒	徒	徒	徒
焉	焉	焉	焉	焉	焉
居	居	■	居	居	(居)
則	則	■	則	則	(則)
化	化	■■	化	化	(化)
矣	矣	矣	矣	矣	矣
使	使	使	使	使	使
樂	樂	樂	樂	樂	樂
山	山	山	山	山	山
者	者	者	者	者	者
益	益	益	益	益	益
精	靜	靜	靜	靜	靜
擇	擇	擇	擇	擇	擇
地	地	地	地	地	地
者	者	者	者	者	者
愼	愼	愼	愼	愼	愼
思	思	思	思	思	思
行	行	行	行	行	行
藏	藏	藏	藏	藏	藏
之	之	之	之	之	之
是	是	是	是	是	是
一	一	一	一	一	一
焉	焉	焉	焉	焉	焉
他	他	他	他	他	他
日	日	日	日	日	日
告	告	告	告	告	告
門	門	門	門	門	門

人	人	人	人	人	人
曰	曰	曰	曰	曰	曰
故	故	故	故	故	故
輔	輔	韓	韓	韓	韓
粲	粲	粲	粲	粲	粲
金	金	金	金	金	金
公	公	公	公	公	公
嶷	嶷	嶷	嶷	嶷	嶷
勳	勳	勳	勳	勳	勳
度	度	度	度	度	度
我	我	我	我	我	我
爲	爲	爲	爲	爲	爲
僧	僧	僧	僧	僧	僧
報	報	報	報	報	報
公	公	公	公	公	公
以	以	以	以	以	以
佛	佛	佛	佛	佛	佛
乃	乃	乃	乃	乃	乃
鑄	鑄	鑄	鑄	鑄	鑄
丈	丈	丈	丈	丈	丈
六	六	六	六	六	六
玄	玄	玄	玄	玄	玄
金	金	金	金	金	金
像	像	像	像	像	像
傳	傳	傳	傳	傳	傳
之	之	之	之	之	之
以	以	以	以	以	以
銑	銑	銑	銑	銑	銑
爰	爰	爰	爰	爰	爰
用	用	用	用	用	用
鎮	鎮	鎮	鎮	鎮	鎮
仁	仁	仁	仁	仁	仁
宇	宇	宇	宇	宇	宇
導	導	導	導	導	導
冥	寘	冥	冥	冥	冥
路	路	路	路	路	路
使	使	使	使	使	使
市	市	行	行	行	行
恩	恩	恩	恩	恩	恩
者	者	者	者	者	者
日	日	日	日	日	日
篤	篤	篤	篤	篤	篤
償	償	重	重	重	重
義	義	義	義	義	義

者	者	者	者	者	者
風	風	風	風	風	風
從	從	從	從	從	從
知	知	知	知	知	知
報	報	報	報	報	報
之	之	之	之	之	之
是	是	是	是	是	是
二	二	二	二	二	二
焉	焉	焉	焉	焉	焉
至	至	至	至	至	至
八	八	八	八	八	八
年	年	年	年	年	年
丁	丁	丁	丁	丁	丁
亥	亥	亥	亥	亥	亥
檀	檀	檀	檀	檀	檀
越	越	越	越	越	越
翁	公	翁	翁	翁	翁
主	主	主	主	主	主
使	使	使	使	使	(使)
茹	茹	■	茹	茹	(茹)
金	金	■	金	金	(金)
等持	等持	■	等	等持	(等)
伽	伽	伽	伽	伽	伽
藍	藍	藍	藍	藍	藍
南	南	南	南	南	南
畝	畝	畝	畝	畝	畝
暨	暨	暨	暨	暨	暨
臧	贓	臧	臧	臧	臧
獲	獲	獲	獲	獲	獲
本	本	本	本	本	本
籍	籍	籍	籍	籍	籍
授	授	授	授	授	授
之	之	之	之	之	之
爲	爲	爲	爲	爲	爲
壞	壞	壤	懷	壞	壤
袍	袍	袍	袍	袍	袍
傳	傳	傳	傳	傳	傳
舍	舍	舍	舍	舍	舍
俾	俾	俾	俾	俾	俾
永	永	永	永	永	永
		永	永	永	永
不	不	不	不	不	不
易	易	易	易	易	易

大	大	大	大	大	大
師	師	師	師	師	師
因	因	因	因	因	因
念	念	念	念	念	念
言	言	言	言	言	言
王	王	王	王	王	王
女	女	女	女	女	女
資	資	資	資	資	資
法	法	法	法	法	法
喜	喜	喜	喜	喜	喜
尙	尙	尙	尙	尙	尙
如	如	如	如	如	如
是	是	是	是	是	是
矣	矣	矣	矣	矣	矣
佛	佛	佛	佛	佛	佛
孫	孫	孫	孫	孫	孫
味	味	味	味	味	味
禪	禪	禪	禪	禪	禪
悅	悅	悅	悅	悅	悅
豈	豈	豈	豈	豈	豈
徒	徒	徒	徒	徒	徒
然	然	然	然	然	然
哉	乎	乎	乎	乎	乎
我	我	我	我	我	我
家	家	家	家	家	家
非	匪	匪	匪	匪	匪
貧	貧	貧	貧	貧	貧
親	親	親	親	親	親
儻	黨	黨	黨	黨	黨
皆	皆	皆	皆	皆	皆
沒	沒	歿	歿	歿	歿
與	與	與	與	與	与
落	落	落	落	落	落
行	路	路	路	路	路
路	行	行	行	行	行
人	人	人	人	人	人
之	之	之	之	之	之
手	手	手	手	手	手
寧	寧	寧	寧	寧	寧
充	充	充	充	充	充
門	門	門	門	門	門
弟	弟	弟	弟	弟	弟
子	子	子	子	子	子
之	之	之	之	之	之

腹	腹	腹	腹	腸	腹
遂	遂	遂	遂	遂	遂
於	於	於	於	於	於
乾	乾	乾	乾	乾	乾
符	符	符	符	符	符
六	六	六	六	六	六
年	年	年	年	年	年
捨	捨	捨	捨	捨	捨
莊	莊	莊	莊	莊	莊
十	十	十	十	十	十
二	二	二	二	二	二
區	區	區	區	區	區
田	田	田	田	田	田
五	五	五	五	五	五
百	百	百	百	百	百
結	結	結	結	結	結
隸	隸	隸	隸	隸	隸
寺	寺	寺	寺	寺	寺
焉	焉	爲	焉	焉	焉
飯	飯	飦	飯	飯	飯
孰	孰	孰	孰	孰	孰
識	識	■	識	識	(識)
囊	囊	■	囊	囊	(囊)
粥	粥	■	粥	粥	粥
能	能	能	能	能	能
銘	銘	銘	銘	銘	銘
鼎	鼎	鼎	鼎	鼎	鼎
民	民	民	民	民	民
天	天	天	天	天	天
是	是	是	是	是	是
賴	賴	賴	賴	賴	賴
佛	佛	佛	佛	佛	佛
土	土	土	土	土	土
可	可	可	可	可	可
期	期	期	期	期	期
雖	雖	雖	雖	雖	雖
曰	曰	曰	曰	曰	曰
我	我	我	我	我	我
田	田	田	田	田	田
且	且	且	且	且	且
居	居	居	居	居	居
王	王	王	王	王	王
土	土	云	土	土	土
始	始	始	始	始	始

質	質	資	資	資	資
疑	疑	疑	疑	疑	疑
於	於	於	於	於	於
王	王	王	王	王	王
孫	孫	孫	孫	孫	孫
輔	輔	韓	韓	韓	韓
粲	粲	粲	粲	粲	粲
繼	繼	繼	繼	繼	繼
宗	宗	宗	宗	宗	宗
執	執	執	執	執	執
事	事	事	事	事	事
侍	侍	侍	侍	侍	侍
郎	郎	郎	郎	郎	郎
金	金	金	金	金	金
八	八	八	八	八	八
元	元	元	元	元	元
金	金	金	金	金	金
咸	咸	咸	咸	咸	咸
熙	熙	熙	熙	熙	熙
及	及	■ 及	及	及	及
正	正	正	正	正	正
法	法 司	法	法	法	法
大	大	大	大	大	大
統	統	統	統	統	統
釋	釋	釋	釋	釋	釋
玄	玄	玄	玄	玄	玄
亮	亮	亮	亮	亮	亮
聲	聲	聲	聲	聲	聲
九	九	九	九	九	九
皐	皐	皐	皐	皐	皐
應	應	應	應	應	應
千	千	千	千	千	千
里	里	里	里	里	里
贈	贈	贈	贈	贈	贈
太	太	太	太	太	太
傅	傅	傅	傅	傅	傅
獻	獻	獻	獻	獻	獻
康	康	康	康	康	康
大	大	大	大	大	大
王	王	王	王	王	王
怨	怨	怨	怨	怨	怨
而	而	而	而	而	而

允	允	允	允	允	允
之	之	之	之	之	之
其	其	其	其	其	其
年	年	年	年	年	年
九	九	九	九	九	九
月	月	月	月	月	月
敎	敎	敎	敎	敎	敎
南	南	南	南	南	南
川	川	川	川	川	川
郡	郡	郡	郡	郡	郡
統	統	僧	僧	僧	僧
僧	僧	統	統	統	統
訓	訓	訓	訓	訓	訓
弼	弼	弼	弼	弼	弼
標	標	擇	擇	擇	擇
別	別	別	別	別	別
墅	墅	墅	墅	墅	墅
劃	劃	劃	劃	劃	劃
生	生	正	正	正	正
場	場	場	場	場	場
斯	斯	斯	斯	斯	斯
盖	盖	■	盖	盖	盖
外	外	外	外	外	外
佐	佐	佐	佐	佐	佐
君	君	君	君	君	君
臣	臣	臣	臣	臣	臣
益	益	益	益	益	益
地	地	地	地	地	地
内	内	内	内	内	内
資	資	資	資	資	資
父	父	父	父	父	父
母	母	母	母	母	母
生	生	生	生	生	生
天	天	天	天	天	天
使	使	使	使	使	使
續	續	續	續	續	續
命	命	命	命	命	命
者	者	者	者	者	者
輿	輿	與	與	與	与
仁	仁	仁	仁	仁	仁
賞	賞	賞	賞	賞	賞
歌	歌	歌	歌	歌	歌
者	者	者	者	者	者
悛	悛	悛	悛	悛	悛

過	過	過	過	過	過
檀	檀	檀	檀	檀	檀
捨	捨	捨	捨	捨	捨
之	之	之	之	之	之
是	是	是	是	是	是
三	三	三	三	三	三
焉	焉	焉	焉	焉	焉
有	有	有	有	有	有
居	居	居	居	居	居
乾	乾	乾	乾	乾	乾
慧	慧	慧	慧	慧	慧
地	地	地	地	地	地
者	者	者	者	者	者
曰	曰	曰	曰	曰	曰
沈	沈	沈	沈	沈	沈
忠	忠	忠	忠	忠	忠
聞	聞	聞	聞	聞	聞
大	大	大	大	大	大
師	師	師	師	師	師
刃	刃	刃	刃	刃	刃
餘	餘	餘	餘	餘	餘
定	定	定	定	定	定
慧	慧	慧	慧	慧	慧
鑑	鑑	鑑	鑑	鑑	鑑
透	透	透	透	透	透
乾	乾	乾	乾	乾	乾
坤	坤	坤	坤	坤	坤
志	志	志	志	志	志
確	確	確	確	確	確
曇	曇	曇	曇	曇	曇
蘭	蘭	蘭	蘭	蘭	蘭
術	術	術	術	術	術
精	精	精	精	精	精
安	安	安	安	安	安
廩	廩	廩	廩	廩	廩
禮	禮	禮	禮	禮	禮
足	足	足	足	足	足
已	已	已	已	已	已
白	白	白	白	白	白
言	言	言	言	言	言
弟	弟	弟	弟	弟	弟
子	子	子	子	子	子
有	有	有	有	有	有
剩	剩	■	剩	剩	剩

地	地	地	地	地	地
在	在	在	在	在	在
曦	曦	羲	曦	曦	曦
陽	陽	陽	陽	陽	陽
山	山	山	山	山	山
腹	腹	腹	腹	腹	腹
鳳	鳳	鳳	鳳	鳳	鳳
巖	岩	巖	巖	巖	巖
龍	龍	龍	龍	龍	龍
谷	谷	谷	谷	谷	谷
境	境	境	境	境	境
駭	駭	駭	駭	駭	駭
橫	橫	橫	橫	橫	橫
目	目	目	目	目	目
幸	幸	幸	幸	幸	幸
構	搆	■	構	構	構
禪	禪	禪	禪	禪	禪
宮	宮	宮	宮	宮	宮
徐	徐	徐	徐	徐	徐
答	答	答	答	答	答
曰	曰	曰	曰	曰	曰
吾	吾	吾	吾	吾	吾
未	未	未	未	未	未
能	能	能	能	能	能
分	分	■	分	分	(分)
身	身	身	身	身	身
惡	惡	惡	惡	惡	惡
用	用	用	用	用	用
是	是	是	是	是	是
忠	忠	忠	忠	忠	忠
請	請	請	請	請	請
膠	膠	膠	膠	膠	膠
固	固	固	固	固	固
加以	加以	加	加以	加	加
山	山	山	山	山	山
靈	靈	靈	靈	靈	靈
有	有	有	有	有	有
甲	甲	甲	甲	甲	甲
騎	騎	騎	騎	騎	騎
爲	爲	爲	爲	爲	爲
前	前	前	前	前	前
騶	趨	騶	騶	騶	騶
之	之	之	之	之	之

異	異	異	異	異	異
乃	乃	仍	乃	乃	乃
錫	錫	錫	錫	錫	錫
挺	挺	挺	挺	挺	挺
樵	樵	樵	樵	樵	樵
蹊	磎	蹊	溪	溪	溪
而	而	而	而	而	而
相	相	歷	歷	歷	歷
歷	歷	相	相	相	相
焉	焉	焉	焉	焉	焉
且	且	且	且	且	且
見	見	見	見	見	見
山	山	山	山	山	山
屛	屛	屛	屛	屛	屛
四	四	四	四	四	四
列	列	迾	迾	迾	迾
則	則	則	則	則	則
鷲	鷲	鷲	獄	獄	獄
			鳥	鳥	鳥
翅	翅	翅	翅	翅	翅
掀	掀	掀	掀	掀	掀
雲	雲	雲	雲	雲	雲
水	水	水	水	水	水
帶	帶	帶	帶	帶	帶
百	百	百	百	百	百
圍	圍	■	圍	圍	(圍)
則	則	則	則	則	則
虬	虬	虬	虬	虯	虬
腰	腰	腰	腰	腰	要
偃	偃	偃	偃	偃	偃
石	石	石	石	石	石
旣	旣	旣	旣	旣	旣
愕	愕	愕	愕	愕	愕
且	且	且	且	且	且
唶	唶	唶	唶	唶	唶
曰	曰	曰	曰	曰	曰
獲	獲	獲	獲	獲	獲
是	是	是	是	是	是
地	地	地	地	地	地
也	也	也	也	也	也
庸	庸	庸	庸	庸	庸
非	非	非	非	非	非
天	天	天	天	天	天
乎	乎	乎	乎	乎	乎

不	不	不	不	不	不
爲	爲	爲	爲	爲	爲
靑	靑	靑	靑	靑	靑
衲	衲	衲	衲	衲	衲
之	之	之	之	之	之
居	居	居	居	居	居
其	其	其	其	其	其
作	作	作	作	作	作
黃	黃	黃	黃	黃	黃
巾	巾	巾	巾	巾	巾
之	之	之	之	之	之
窟	窟	窟	窟	窟	窟
遂	遂	遂	遂	遂	遂
率	率	率	率	率	率
先	先	先	先	先	先
於	於	於	於	於	於
衆	衆	衆	衆	衆	衆
防	防	防	防	防	防
後	後	後	後	後	後
爲	爲	爲	爲	爲	爲
基	基	基	基	基	基
起	起	■	起	起	起
瓦	瓦	■	瓦	瓦	瓦
簷	簷	■	■	簷	■
四	四	四	四	四	四
注	柱	注	注	注	注
以	以	以	以	以	以
壓	壓	厭	厭	厭	厭
之	之	之	之	之	之
鑄	鑄	鑄	鑄	鑄	鑄
鐵	鐵	鐵	鐵	鐵	鐵
像	像	像	像	像	像
二	二	二	二	二	二
軀	軀	軀	軀	軀	軀
以	以	以	以	以	以
衛	衛	衛	衛	衛	衛
之	之	之	之	之	之
至	至	至	至	至	至
中	中	中	中	中	中
和	和	和	和	和	和
辛	辛	辛	辛	辛	辛
丑	丑	丑	丑	丑	丑
年	年	年	年	年	年
敎	敎	敎	敎	敎	敎

遺	遺	遺	遺	遺	遺
前	前	前	前	前	前
安	安	安	安	安	安
輪	輪	輪	輪	輪	輪
寺	寺	寺	寺	寺	寺
僧	僧	僧	僧	僧	僧
統	統	統	統	統	統
俊	俊	後	俊	俊	俊
恭	恭	恭	恭	恭	恭
司	司	肅	肅	肅	肅
正	正	正	正	正	正
史	史	史	史	史	史
裵	裵	裵	裵	裵	裵
聿	聿	聿	聿	聿	聿
文	文	文	文	文	文
標	標	標	標	標	標
定	定	定	定	定	定
疆	疆	疆	疆	疆	疆
域	域	域	域	域	域
艿	仍	艿	芸	艿	艿
賜	賜	賜	賜	賜	賜
榜	榜	牓	牓	牓	牓
爲	爲	爲	爲	爲	爲
鳳	鳳	鳳	鳳	鳳	鳳
巖	巖	巖	巖	巖	巖
焉	焉	焉	焉	焉	焉
及	及	及	及	及	及
大	大	大	大	大	大
師	師	師	師	師	師
化	化	化	化	化	化
往	逞	往	往	往	往
數	數	數	數	數	數
年	年	年	年	年	年
有	有	有	有	有	有
山	山	山	山	山	山
甿	甿	甿	甿	甿	甿
爲	爲	爲	爲	爲	爲
野	野	野	野	野	野
冠	冠	冠	冠	冠	冠
者	者	者	者	者	者
始	始	始	始	始	始
敢	敢	敢	敢	敢	敢
拒	拒	拒	据	拒	拒
輪	轍	輪	輪	輪	輪

終	終	終	終	終	終
能	能	能	能	能	能
食	食	食	食	食	食
甚	甚	菓	甚	甚	甚
得	得	得	得	得	得
非	非	非	非	非	非
深	深	深	深	深	深
斠	斠	斠	斠	斠	斠
定	定	定	定	定	定
水	水	水	水	水	水
預	預	預	預	預	預
沃	沃	涉	汳	沃	汳
魔	魔	魔	魔	魔	魔
山	山	山	山	山	山
之	之	之	之	之	之
巨	巨	巨	巨	巨	巨
力	力	力	力	力	力
歟	歟	歟	歟	歟	歟
使	使	使	使	使	使
折	折	折	折	折	折
臂	臂	臂	臂	臂	臂
者	者	者	者	者	者
標	標	探	標	標	標
義	義	義	義	義	義
掘	掘	掘	掘	掘	掘
尾	尾	尾	尾	尾	尾
者	者	者	者	者	者
制	制	制	制	制	制
狂	狂	狂	狂	狂	狂
開	開	開	開	開	開
發	發	發	發	發	發
之	之	之	之	之	之
是	是	是	是	是	是
四	四	四	四	四	四
焉	焉	焉	焉	焉	焉
太	太	太	太	太	太
傅	傅	傅	傅	傅	傅
大	大	大	大	大	大
王	王	王	王	王	王
以	以	以	以	以	以
華	華	花	華	花	華
風	風	風	風	風	風
掃	掃	掃	掃	掃	掃
弊	弊	獘	弊	弊	弊

慧	慧	慧	慧	慧	慧
海	海	海	海	海	海
濡	濡	濡	濡	濡	濡
枯	枯	枯	枯	枯	枯
素	素	素	素	素	素
欽	欽	欽	欽	欽	欽
靈	靈	靈	靈	靈	靈
育	育	育	育	育	育
之	之	之	之	之	之
澤	名	名	名	名	名
渴	渴	渴	渴	渴	渴
聽	聽	聽	聽	聽	聽
法	法	法	法	法	法
深	深	深	深	深	深
之	之	之	之	之	之
論	論	論	論	論	論
乃	乃	乃	乃	乃	乃
注	注	注	注	注	注
心	心	心	心	心	心
鷄	鷄	鷄	鷄	鷄	鷄
足	足	足	足	足	足
灑	灑	灑	灑	灑	灑
翰	翰	翰	翰	翰	翰
鵠	鵠	鶴	鶴	鶴	鶴
頭	頭	頭	頭	頭	頭
以	以	以	以	以	以
徵	徵	徵	徵	徵	徵
之	之	之	之	之	之
曰	曰	曰	曰	曰	曰
外	外	外	外	外	外
護	護	護	護	護	護
小	小	小	小	小	小
緣	緣	緣	緣	緣	緣
念	念	念	念	念	念
踰	踰	踰	踰	踰	踰
三	三	三	三	三	三
際	際	際	際	際	際
內	內	內	內	內	內
修	修	修	修	修	修
大	大	大	大	大	大
慧	慧	惠	惠	惠	惠
幸	幸	幸	幸	幸	幸
許	許	許	許	許	許
一	一	一	一	一	一

來	來	來	來	來	來
大	大	大	大	大	大
師	師	師	師	師	師
感	感	感	感	感	感
動	動	動	動	動	動
琅	琅	琅	琅	琅	琅
函	函	函	函	函	函
言	言	言	言	言	言
及	及	及	及	及	及
勝	勝	勝	勝	勝	勝
因	因	因	因	因	因
通	通	通	通	通	通
世	世	世	世	世	世
同	同	同	同	同	同
塵	塵	璧	塵	塵	塵
率	率	率	率	率	率
土	土	土	土	土	土
懷	懷	懷	懷	懷	懷
玉	玉	玉	玉	玉	玉
出	出	出	出	出	出
山	山	山	山	山	山
轡	轡	轡	轡	轡	轡
織	織	織	織	織	織
迎	迎	迎	迎	迎	迎
途	途	途	途	途	途
至	至	至	至	至	至
憩	憩	憩	憩	憩	憩
足	足	足	足	足	足
于	于	于	于	于	于
禪	禪	禪	禪	禪	禪
院	院	院	院	院	院
寺	寺	寺	寺	寺	寺
錫	錫	錫	錫	錫	錫
安	安	安	安	安	安
信	信	信	信	信	信
宿	宿	宿	宿	宿	宿
引	引	引	引	引	引
問	問	問	問	問	問
心	心	心	心	心	心
于	于	于	于	于	于
月	月	月	月	月	月
池	池	池	池	池	池
宮	宮	宮	宮	宮	宮
時	時	時	時	時	時

屬	屬	屬	屬	屬	屬
纖	纖	纖	纖	纖	纖
蘿	蘿	蘿	蘿	蘿	蘿
不	不	不	不	不	不
風	風	風	風	風	風
溫	溫	溫	溫	溫	溫
樹	樹	樹	樹	樹	樹
方	方	方	方	方	方
夜	夜	夜	夜	夜	夜
適	適	適	適	適	適
覩	覩	覩	覩	覩	覩
金	金	金	金	金	金
波	波	波	波	波	波
之	之	之	之	之	之
影	影	影	影	影	影
端	端	端	端	端	端
臨	臨	臨	臨	臨	臨
玉	玉	玉	玉	玉	玉
沼	沼	沼	沼	沼	沼
之	之	之	之	之	之
心	心	心	心	心	心
大	大	大	大	大	大
師	師	師	師	師	師
俯	俯	俯	俯	俯	俯
而	而	而	而	而	而
覬	覬	覬	覬	覬	覬
仰	仰	仰	仰	仰	仰
而	而	而	而	而	而
告	告	告	告	告	告
曰	曰	曰	曰	曰	曰
是	是	是	是	是	是
卽	卽	卽	卽	卽	卽
是	是	是	是	是	是
餘	餘	餘	餘	餘	餘
無所	無所	無	無	無	無
言	言	言	言	言	言
上	上	上	上	上	上
洗	洗	洗	洗	洗	洗
然	然	然	然	然	然
忻	忻	■	欣	欣	欣
契	契	■	契	契	契
曰	曰	■	曰	曰	曰
金	金	金	金	金	金

仙	仙	仙	仙	仙	仙
花	花	花	花	花	花
目	目	■	目	目	目
所	所	所	所	所	所
傳	傳	傳	傳	傳	傳
風	風	風	風	風	風
流	流	流	流	流	流
固	固	固	固	固	固
叶	協	■	協	協	協
於	於	於	於	於	於
此	此	此	此	此	此
遂	遂	遂	遂	遂	遂
拜	拜	拜	拜	拜	拜
爲	爲	爲	爲	爲	爲
忘	忘	忘	忘	忘	忘
言之	言	言	言	言	言
師	師	師	師	師	師
及	及	及	及	及	及
出	出	出	出	出	出
俾	俾	俾	俾	俾	俾
藎	藎	藎	藎	藎	藎
臣	臣	臣	臣	臣	臣
譬	譬	譬	譬	譬	譬
旨	旨	旨	旨	旨	旨
幸	幸	幸	幸	幸	幸
宜	宜	宜	宜	宜	宜
小	小	小	小	小	小
停	停	停	停	停	停
答	答	答	答	答	答
曰	曰	曰	曰	曰	曰
謂	謂	謂	謂	謂	謂
牛	牛	牛	牛	牛	牛
戴	戴	戴	戴	戴	戴
牛	牛	■	牛	牛	(牛)
所	所	所	所	所	所
直	直	直	直	直	直
無	無	無	無	無	無
幾	幾	幾	幾	幾	幾
以	以	以	以	以	以
鳥	鳥	鳥	鳥	鳥	鳥
養	養	養	養	養	養
鳥	鳥	鳥	鳥	鳥	鳥
爲	爲	爲	爲	爲	爲

惠	惠	惠	惠	惠	惠
不	不	不	不	不	不
貲	貲	貲	貲	貲	貲
請	請	請	請	請	請
從	從	從	從	從	從
此	此	此	此	此	此
辭	辭	辭	辭	辭	辭
枉	枉	枉	枉	枉	枉
之	之	之	之	之	之
則	則	則	則	則	則
折	折	折	折	折	折
上	上	上	上	上	上
聞	聞	聞	聞	聞	聞
之	之	之	之	之	之
喟	喟	喟	喟	喟	喟
然	然	然	然	然	然
以	以	以	以	以	以
韻	韻	韻	韻	韻	韻
語	語	語	語	語	語
歎	嘆	歎	歎	歎	歎
曰	曰	曰	曰	曰	曰
挽	挽	施	施	施	施
既	卽	既	既	既	既
不	不	不	不	不	不
留	留	留	留	留	留
空	空	空	空	空	空
門	門	門	門	門	門
鄧	鄧	鄧	鄧	鄧	鄧
侯	候	侯	侯	侯	侯
師	師	師	師	師	師
是	是	是	是	是	是
支	支	支	支	支	支
鶴	鶴	鶴	鶴	鶴	鶴
吾	吾	吾	吾	吾	吾
非	非	非	非	非	非
趙	趙	超	超	趙	超
鷗	鷗	鷗	鷗	鷗	鷗
乃	乃	乃	乃	乃	乃
命	命	命	命	命	命
十	十	十	十	十	十
戒	戒	戒	戒	戒	戒
弟	弟	弟	弟	弟	弟
子	子	子	子	子	子
宣	宣	宣	宣	宣	宣

敎	敎	敎	敎	敎	敎
省	省	省	省	省	省
副	副	副	副	副	副
使	使	使	使	使	使
馮	馮	馮	馮	馮	馮
恕	恕	恕	恕	恕	恕
行	行	行	行	行	行
爰	投	援	援	援	援
送	送	送	送	送	送
歸	歸	歸	歸	歸	歸
山	山	山	山	山	山
使	使	使	使	使	使
待	待	待	待	待	待
兎	兎	兎	兎	兎	兎
者	者	者	者	者	者
離	離	離	離	離	離
株	株	株	株	株	株
羨	羨	羨	羨	羨	羨
魚	魚	魚	魚	魚	魚
者	者	者	者	者	者
學	學	學	學	學	學
網	網	網	網	網	網
出	出	出	出	出	出
處	處	處	處	處	處
之	之	之	之	之	之
是	是	是	侍	是	是
五	五	五	五	五	五
焉	焉	焉	焉	焉	焉
在	在	在	在	在	在
世	世	世	世	世	世
行	行	行	行	行	行
無	無	無	無	無	無
遠	遠	遠	遠	遠	遠
近	近	近	近	近	近
夷	夷	夷	夷	夷	夷
險	險	險	險	險	險
未	未	未	未	未	未
嘗	嘗	嘗	嘗	嘗	嘗
代	代	代	代	代	代
勞	勞	勞	勞	勞	勞
以	以	以	以	以	以
蹄	蹄	蹄	蹄	蹄	蹄
角	角	角	角	角	角
及	及	及	及	及	及

還	還	還	還	還	還
山	山	山	山	山	山
氷	氷	氷	氷	氷	氷
雪	雪	霓	霓	霓	霓
梗	梗	便	梗	梗	梗
跋	跋	跋	跋	跋	跋
涉	涉	踄	涉	涉	涉
乃	乃	乃	乃	乃	乃
以	以	以	以	以	㠯
栟	栟	栟	栟	栟	栟
櫚	櫚	櫚	櫚	櫚	櫚
步	步	步	步	步	步
輿	輿	輿	輿	輿	輿
窮	躳	寵	寵	寵	寵
行	行	行	行	行	行
謝	謝	謝	謝	謝	謝
使	使	使	使	使	使
者	者	者	者	者	者
曰	曰	曰	曰	曰	曰
是	是	是	是	是	是
豈非	豈非	豈	豈	豈	豈
井	井	井	井	井	井
大	大	大	大	大	大
春	春	春■	春	春	春
所	所	所	所	所	所
云	云	云	云	云	云
人	人	人	人	人	人
車	車	車	車	車	車
耶	耶	耶	耶	耶	耶
爲顧	爲顧	顧	顧	顧	顧
英	英	英	英	英	英
君	君	君	君	君	君
所	所	所	所	所	所
不	不	不	不	不	不
須	須	須	須	須	須
刓	刓	刓	刓	刓	刓
形	形	形	形	形	形
毁	毁	毁	毁	毁	毁
者	者	者	者	者	者
乎	乎	乎	乎	乎	乎
然	然	然	然	然	然

命	命	命	命	命	命
旣	旣	旣	旣	旣	旣
至矣	至矣	至	至矣	至	至
受	受	受	受	受	受
之	之	之	之	之	之
爲	爲	爲	爲	爲	爲
濟	濟	濟	濟	濟	濟
苦	苦	苦	苦	苦	苦
具	具	具	具	具	具
及	及	及	及	及	及
迻	迻	移	移	移	移
疾	疾	疾	疾	疾	疾
于	于	于	于	于	于
安	汝	安	安	安	安
樂	樂	樂	樂	樂	樂
蘭	練	練	練	練	練
若	若	居	居	居	居
杖錫	杖錫	杖	杖	杖	杖
不	不	不	不	不	不
能	能	能	能	能	能
起	起	起	起	起	起
始	始	始	始	始	始
乘	乘	乘	乘	乘	乘
之	之	之	之	之	之
使	使	使	使	使	使
病	病	病	病	病	病
病	病	病	病	病	病
者	者	者	者	者	者
了	了	了	了	了	了
空	空	空	空	空	空
賢	賢	賢	賢	賢	賢
賢	賢	賢	賢	賢	賢
者	者	者	者	者	者
離	離	離	離	離	離
執	執	執	執	執	執
用	用	用	用	用	用
捨	捨	捨	捨	捨	捨
之	之	之	之	之	之
是	是	是	是	是	是
六	六	六	六	六	六
焉	焉	焉	焉	焉	焉
至	至	至	至	至	至

冬	冬	冬	冬	冬	冬
抄	抄	抄	抄	抄	抄
既	既	既	既	既	既
望	望	望	望	望	望
之	之	之	之	之	之
二	二	二	二	二	二
日	日	日	日	日	日
趺	趺	趺	趺	趺	趺
坐	坐	坐	坐	坐	坐
晤	晤	悟	悟	晤	晤
言	言	言	言	言	言
之	之	之	之	之	之
際	際	際	際	際	際
泊	泊	泊	泊	泊	泊
然	然	然	然	然	然
無	無	無	無	無	無
常	常	常	常	常	常
鳴	鳴	鳴	鳴	鳴	鳴
呼	呼	呼	呼	呼	呼
星	星	星	星	星	星
廻	迴	廻	廻	廻	廻
上	上	上	上	上	上
天	天	天	天	天	天
月	月	月	月	月	月
落	落	落	落	落	落
大	大	大	大	大	大
海	海	海	海	海	海
終	終	終	終	終	終
風	風	風	風	風	風
吼	吼	吼	吼	吼	吼
谷	谷	谷	谷	谷	谷
則	則	則	則	則	則
聲	聲	聲	聲	聲	聲
咽	咽	咽	咽	咽	咽
虎	虎	虎	虎	虎	虎
溪	溪	溪	溪	溪	溪
積	積	積	積	積	積
雪	雪	雪	雪	雪	雪
摧	摧	摧	摧	摧	摧
松	松	松	松	松	松
則	則	則	則	則	則
色	色	色	色	色	色
侔	侔	侔	侔	侔	侔
鶴	鵠	鵠	鵠	鵠	鵠

樹	樹	樹	樹	樹	樹
物	物	物	物	物	物
感	感	感	感	感	感
斯	斯	斯	斯	斯	斯
極	極	極	極	極	極
人	人	人	人	人	人
悲	悲	悲	悲	悲	悲
可	可	可	可	可	可
量	量	量	量	量	量
信	信	信	信	信	信
而	而	而	而	而	而
假	假	假	假	假	假
殯	殯	殯	殯	殯	殯
于	于	于	于	于	于
賢	賢	賢	賢	賢	賢
溪	溪	溪	溪	溪	溪
期	期	其	其	其	其
		日	日	日	日
而	而	而	而	而	而
遷	遷	遂	遂	遂	遂
窆	窆	窆	窆	窆	窆
于	于	于	于	于	于
曦	曦	羲	羲	曦	羲
野	野	野	野	野	野
其	其	■ 其	其	其	其
詞	詞	詞	詞	詞	詞
曰	曰	曰	曰	曰	曰
麟	麟	麟	麟	麟	麟
聖	聖	聖	聖	聖	聖
依	依	依	依	依	依
仁	仁	仁	仁	仁	仁
乃	乃	仍	仍	仍	仍
據	據	據	據	據	據
德	德	德	德	德	德
鹿	鹿	鹿	鹿	鹿	鹿
仙	仙	仙	仙	仙	仙
知	知	知	知	知	知
白	白	白	白	白	白
能	能	能	能	能	能
守	守	守	守	守	守
黑	黑	黑	黑	黑	黑
二	二	二	二	二	二
教	教	教	教	教	教

徒	徒	徒	徒	徒	徒
稱	稱	稱	稱	稱	稱
天	天	天	天	天	天
下	下	下	下	下	下
式	式	式	式	式	式
螺	螺	螺	螺	螺	螺
髻	髻	髻	髻	髻	髻
眞	眞	眞	眞	眞	眞
人	人	人	人	人	人
難	難	難	難	難	難
确	角	确	确	确	确
力	力	力	力	力	力
十	十	十	十	十	十
萬	萬	萬	萬	萬	萬
里	里	里	里	里	里
外	外	外	外	外	外
鏡	鏡	鏡	鏡	鏡	鏡
西	西	西	西	西	西
域	域	域	域	域	域
一	一	一	一	一	一
千	千	千	千	千	千
年	年	年	年	年	年
後	後	後	後	後	後
燭	燭	燭	燭	燭	燭
東	東	東	東	東	東
國	國	國	國	國	國
鷄	鷄	鷄	鷄	鷄	鷄
林	林	林	林	林	林
地	地	地	地	地	地
在	在	在	在	在	在
鰲	鰲	鼇	鼇	鰲	鰲
山	山	山	山	山	山
側	側	側	側	側	側
仙	仙	仙	仙	仙	仙
儒	儒	儒	儒	儒	儒
自	自	自	自	自	自
古	古	古	古	古	古
多	多	多	多	多	多
奇	奇	奇	奇	奇	奇
特	特	特	特	特	特
可	可	可	可	可	可
憐	憐	憐	憐	憐	憐
曦	曦	羲	羲	羲	羲
仲	仲	仲	仲	仲	仲

不	不	不	不	不	不
曠	曠	■	曠	曠	曠
職	職	■	職	職	職
更	更	更	更	更	更
迎	迎	迎	迎	迎	迎
佛	佛	佛	佛	佛	佛
日	日	日	日	日	日
辨	辨	辨	辨	辨	辨
空	空	空	空	空	空
色	色	色	色	色	色
敎	敎	敎	敎	敎	敎
門	門	門	門	門	門
從	從	從	從	從	從
此	此	此	此	此	此
分	分	分	分	分	分
階	階	階	階	階	階
城	城	城	城	城	城
言	言	言	言	言	言
路	路	路	路	路	路
因	因	因	因	因	因
之	之	之	之	之	之
理	理	理	理	理	理
溝	溝	溝	溝	溝	溝
洫	洫	洫	洫	洫	洫
身	身	身	身	身	身
依	依	依	依	依	依
兎	兎	兎	兎	兎	兎
窟	窟	窟	窟	窟	窟
心	心	心	心	心	心
難	難	難	難	難	難
息	息	息	息	息	息
足	足	足	足	足	足
躡	躡	蹋	蹋	蹋	蹋
羊	羊	羊	羊	羊	羊
岐	岐	岐	岐	岐	岐
眼	眼	眼	眼	眼	眼
還	還	還	還	還	還
惑	惑	惑	惑	惑	惑
法	法	法	法	法	法
海	海	海	海	海	海
安	安	安	安	安	安
流	流	流	流	流	流
眞	眞	眞	眞	眞	眞
叵	叵	叵	叵	叵	叵

測	測	測	測	測	測
心	心	心	心	心	心
傳	傳	得	得	得	得
眼	眼	■	眼	眼	眼
詖	詖	訣	訣	訣	訣
苞	苞	苞	苞	苞	苞
眞	眞	眞	眞	眞	眞
極	極	極	極	極	極
得	得	得	得	得	得
之	之	之	之	之	之
得	得	得	得	得	得
類	類	類	類	類	類
罔	岡	罔	罔	罔	罔
象	象	象	象	象	象
得	得	得	得	得	得
黙	嘿	黙	黙	黙	黙
之	之	之	之	之	之
黙	嘿	黙	黙	黙	黙
異	異	異	異	異	異
寒	寒	寒	寒	寒	寒
蟬	蟬	蟬	蟬	蟬	蟬
黙	嘿	黙	黙	黙	黙
北	北	北	北	北	北
山	山	山	山	山	山
義	義	義	義	義	義
與	與	與	與	與	与
南	南	南	南	南	南
岳	岳	岳	岳	岳	岳
陟	陟	陟	陟	陟	陟
垂	垂	垂	垂	垂	垂
鵠	鵠	鵠	鵠	鵠	鵠
翅	翅	翅	翅	翅	翅
與	與	與	與	與	与
展	展	展	展	展	展
鵬	鵬	鵬	鵬	鵬	鵬
翼	翼	翼	翼	翼	翼
海	海	海	海	海	海
外	外	外	外	外	外
時	時	時	時	時	時
來	來	來	來	來	來
道	道	■	道	道	道
難	難	難	難	難	難
抑	抑	抑	抑	抑	抑
遠	遠	遠	遠	遠	遠

派	派	流	流	派	派
禪	禪	禪	禪	禪	禪
河	河	河	河	河	河
無	無	無	無	無	無
壅	雍	雍	雍	雍	雍
塞	塞	塞	塞	塞	塞
蓬	蓬	蓬	蓬	蓬	蓬
托	托	託	托	托	托
麻	麻	麻	麻	麻	麻
中	中	中	中	中	中
能	能	能	能	能	能
自	自	自	自	自	自
直	直	直	直	直	直
珠	珠	珠	珠	珠	珠
探	探	探	探	探	探
衣	衣	衣	衣	衣	衣
內	內	內	內	內	內
休	體	休	休	休	休
傍	傍	傍	傍	傍	傍
貸	貳	貸	貸	貸	貸
湛	湛	湛	湛	湛	湛
若	若	若	若	若	若
賢	賢	賢	賢	賢	賢
溪	溪	溪	溪	溪	溪
善	善	善	善	善	善
知	知	知	知	知	知
識	識	識	識	識	識
十	十	十	十	十	十
二	二	二	二	二	二
因	因	因	因	因	因
緣	緣	緣	緣	緣	緣
非	非	匪	匪	匪	匪
虛	虛	虛	虛	虛	虛
飾	飾	飾	飾	飾	飾
何	何	何	何	何	何
用	用	用	用	用	用
攀	攀	■	攀	攀	攀
絙	絚	絙	絚	絚	絚
兼	兼	兼	兼	兼	兼
拊	拊	俯	俯	拊	拊
杙	杙	杙	杙	杙	杙
何	何	何	何	何	何
用	用	用	用	用	用
舐	舐	紙	舐	舐	舐

筆	筆	筆	筆	筆	笔
及	及	及	及	及	及
含	含	含	含	含	含
墨	墨	墨	墨	墨	墨
彼	彼	彼	彼	彼	彼
或	旣	或	或	或	或
遠	遠	遠	遠	遠	遠
學	學	學	學	學	學
來	來	來	來	來	來
匍	匍	匍	匍	匍	匍
匐	匐	匐	匐	匐	匐
我	我	我	我	我	我
能	能	能	能	能	能
靜	靜	靜	靜	靜	靜
坐	坐	坐	坐	坐	坐
降	降	降	降	降	降
魔	魔	魔	魔	魔	魔
賊	賊	賊	賊	賊	賊
莫	莫	莫	莫	莫	莫
把	抱	把	把	把	把
意	意	意	意	意	意
樹	樹	樹	樹	樹	樹
設	設	誤	誤	誤	誤
栽	栽	栽	栽	栽	栽
植	植	植	植	植	植
莫	莫	莫	莫	莫	莫
把	苞	把	把	把	把
情	情	檀	情	情	情
田	田	■	田	田	田
枉	枉	枉	枉	枉	枉
稼	稼	■	稼	稼	稼
穡	穡	■	穡	穡	穡
莫	莫	莫	莫	莫	莫
把	抱	把	把	把	把
恒	恒	恒	恒	恒	恒
沙	沙	沙	沙	沙	沙
論	論	論	論	論	論
萬	萬	萬	萬	萬	万
億	億	億	億	億	億
莫	莫	莫	莫	莫	莫
把	抱	把	把	把	把
孤	閒	孤	孤	孤	孤
雲	雲	雲	雲	雲	雲
定	定	定	定	定	定

南	南	南	南	南	南
北	北	北	北	北	北
德	德	德	德	德	德
馨	馨	馨	馨	馨	馨
四	四	四	四	四	四
逹	遠	遠	遠	遠	遠
聞	聞	聞	聞	聞	聞
簷	簷	詹	詹	詹	詹
蔔	蔔	蔔	蔔	蔔	蔔
慧	慧	惠	惠	惠	惠
化	化	化	化	化	化
一	一	一	一	一	一
方	方	方	方	方	方
安	安	安	安	安	安
社	社	社	社	社	社
稷	稷	稷	稷	稷	稷
面	面	面	面	面	面
奉	奉	奉	奉	奉	奉
天	天	天	天	天	天
花	花	化	花	花	花
飄	飄	飄	飄	飄	飄
縷	縷	縷	縷	縷	縷
栻	栻	栻	栻	栻	栻
心	心	心	心	心	心
憑	憑	憑	憑	憑	憑
水	水	水	水	水	水
月	月	月	月	月	月
呈	呈	呈	呈	呈	呈
禪	禪	禪	禪	禪	禪
拭	栻	拭	拭	拭	拭
霍	霍	雋	家	家	家
副	副	嗣	副	副	副
往	往	佳	佳	佳	佳
綿	綿	綿	綿	綿	綿
誰	誰	誰	誰	誰	誰
入	入	入	入	入	入
棘	棘	棘	棘	棘	棘
腐	腐	腐	腐	腐	腐
儒	儒	儒	儒	儒	儒
玄	玄	玄	玄	玄	玄
杖	杖	狀	杖	杖	杖
塹	塹	塹	塹	塹	塹
擿	擿	摘	摘	摘	摘
埴	埴	埴	埴	埴	埴

跡	跡	跡	跡	跡	跡
耀	輝	■	耀	耀	耀
寶	寶	寶	寶	寶	寶
幢	幢	幢	幢	幢	幢
名	名	名	名	名	名
可	可	可	可	可	可
勒	勒	勒	勒	勒	勒
才	才	才	才	才	才
輸	輸	輸	輸	輸	輸
錦	錦	錦	錦	錦	錦
頌	頌	頌	頌	頌	頌
文	文	文	文	文	文
難	難	難	難	難	難
織	織	織	織	織	織
囂	囂	■	■	囂	囂
腹	腹	■	腹	腹	腹
欲	欲	■	■	欲	欲
飫	飫	飲	飲	飫	飫
禪	禪	■	禪	禪	禪
悅	悅	■	悅	悅	悅
食	食	食	食	食	食
來	來	來	來	來	來
向	向	向	向	向	向
山	山	山	山	山	山
中	中	中	中	中	中
看	看	看	看	看	看
篆	篆	篆	篆	篆	篆
刻	刻	刻	刻	刻	刻
(음기)	(음기)	(음기)	(음기)	(음기)	(음기)
太	太	太	太	太	太
傅	傅	傅	傅	傅	傅
大王	王	王	王	王	王
馳	馳	馳	馳	馳	馳
醫	醫	■	醫	醫	(醫)
問	問	問	問	問	問
疾	疾	疾	疾	疾	疾
降	降	降	降	降	降
駷	駷	駛	駛	駛	駛
營	營	營	營	營	營
齋	齋	齊	齊	齊	齊
不	不	不	不	不	不
假	暇	暇	暇	暇	暇
無	無	無	無	無	無

偏	偏	偏	偏	偏	偏
無	無	無	無	無	無
頗	頗	頗	頗	頗	頗
能	能	■	能	能	(能)
諧	諧	■	諧	諧	(諧)
有	有	■	有	有	(有)
始	始	始	始	始	始
有	有	有	有	有	有
終	終	卒	終	卒	卒
特	持	特	特	特	特
敎	敎	敎	敎	敎	敎
菩	菩	菩	菩	菩	菩
薩	薩	薩	薩	薩	薩
戒	戒	戒	戒	戒	戒
弟	弟	弟	弟	弟	弟
子	子	子	子	子	子
建	建	建	建	建	建
功	功	功	功	功	功
鄕	鄕	卿	鄕	鄕	鄕
令	令	令	令	令	令
金	金	金	金	金	金
立	立	立	立	立	立
言	言	言	言	言	言
慰	慰	■	慰	慰	(慰)
勉	勉	■	勉	勉	(勉)
諸	諸	■	諸	諸	(諸)
孤	孤	孤	孤	孤	孤
賜	賜	賜	賜	賜	賜
謚	謚	謚	謚	謚	謚
智	智	智	智	智	智
證	證	證	證	證	證
禪	塔	禪	禪	禪	禪
師		師	師	師	師
塔		塔	塔	塔	塔
號	號	號	號	號	号
寂	寂	寂	寂	寂	寂
照	炤	照	照	照	照
仍	仍	仍	仍	仍	仍
許	許	許	許	許	許
勒	勒	勒	勒	勒	勒
石	石	石	石	石	石
俾	俾	俾	俾	俾	俾
錄	錄	錄	錄	錄	錄
狀	狀	■	狀	狀	(狀)

聞	聞	■	聞	聞	(聞)
門	門	■	門	門	(門)
人	人	人	人	人	人
性	性	■	性	性	性
鐲	鐲	鐲	鐲	鐲	鐲
敏	敏	役	敏	敏	敏
休	休	■	休	休	休
楊	楊	楊	楊	楊	楊
孚	孚	■	孚	孚	孚
繼	繼	繼	繼	繼	繼
徽	徽	徽	徽	徽	徽
等	等	等	等	等	等
咸	咸	咸	咸	咸	咸
得	得	得	得	得	得
鳳	鳳	鳳	鳳	鳳	鳳
尾	尾	毛	毛	毛	毛
者	者	者	者	者	者
斂	斂	斂	斂	斂	斂
陳	陳	陳	陳	陳	陳
迹	迹	■	迹	迹	(迹)
以	以	■	以	以	(以)
獻	獻	■	獻	獻	(獻)
至	至	至	至	至	至
乙	乙	乙	乙	乙	乙
巳	巳	巳	巳	巳	巳
歲	歲	歲	歲	歲	歲
有	有	有	有	有	有
國	國	囶	國	國	囶
民	民	民	民	民	民
媒	媒	媒	媒	媒	媒
儒	儒	儒	儒	儒	儒
道	道	道	道	道	道
嫁	嫁	嫁	嫁	嫁	嫁
帝	帝	帝	帝	帝	帝
鄉	鄉	鄉	鄉	鄉	鄉
而	而	而	而	而	而
名	名	名	名	名	名
掛	掛	掛	掛	掛	掛
輪	輪	輪	輪	輪	輪
中	中	中	中	中	中
職	職	職	職	職	軄
攀	攀	攀	攀	攀	攀
柱	柱	柱	柱	柱	柱
下	下	下	下	下	下

者	者	者	者	者	者
曰	曰	曰	曰	曰	曰
崔	崔	崔	崔	崔	崔
致	致	致	致	致	致
遠	遠	遠	遠	遠	遠
捧	捧	捧	捧	捧	捧
漢	漢	漢	漢	漢	漢
后	后	后	后	后	后
龍	龍	龍	龍	龍	龍
緘	緘	緘	緘	緘	緘
賚	賚	齎	賚	齎	齎
淮	淮	淮	淮	淮	淮
王	王	王	王	王	王
鵠	鵠	鵠	鵠	鵠	鵠
幣	幣	幣	幣	幣	幣
雖	雖	雖	雖	雖	雖
慙	慙	慙	慙	慙	慙
鳳	鳳	鳳	鳳	鳳	鳳
擧	擧	擧	擧	擧	擧
頗	額	頗	頗	頗	頗
類	類	類	類	類	類
鶴	寫	鶴	鶴	鶴	鶴
歸	歸	歸	歸	歸	歸
上	上	上	上	上	上
命	命	命	命	命	命
倍	信	信	信	信	信
臣	臣	臣	臣	臣	臣
淸	淸	淸	淸	淸	淸
信	信	信	信	信	信
者		者	者	者	者
陶	陶	陶	陶	陶	陶
竹	竹	竹	竹	竹	竹
陽	陽	陽	陽	陽	陽
授	授	授	授	授	授
門	門	門	門	門	門
人	人	人	人	人	人
狀	狀	狀	狀	狀	狀
賜	錫	賜	賜	賜	賜
手	手	手	手	手	手
敎	敎	敎	敎	敎	敎
曰	曰	曰	曰	曰	曰
縷	縷	縷	縷	縷	縷
褐	褐	褐	褐	褐	褐
東	東	東	東	東	東

師	師	師	師	師	師
始	始	始	始	始	始
悲	悲	悲	悲	悲	悲
西	西	遷	遷	遷	遷
化	化	化	化	化	化
繡	繡	繡	繡	繡	繡
衣	衣	衣	衣	衣	衣
西	西	西	西	西	西
使	使	使	使	使	使
深	深	深	深	深	深
喜	喜	喜	喜	喜	喜
東	東	東	東	東	東
還	還	還	還	還	還
不	不	不	不	不	不
朽	朽	朽	朽	朽	朽
之	之	之	之	之	之
爲	爲	爲	爲	爲	爲
有	有	有	有	有	有
緣	緣	緣	緣	緣	緣
而	處	而	而	而	而
至	至	至	至	至	至
無	無	無	無	無	無
恡	恪	恡	恡	恡	恡
外	外	外	外	外	外
孫	孫	孫	孫	孫	孫
之	之	之	之	之	之
作	作	作	作	作	作
將	將	將	將	將	將
酬	酎	酬	酬	酬	酬
大	太	大	大	大	大
士	士	士	士	士	士
之	之	之	之	之	之
慈	德	慈	慈	慈	慈
臣	臣	臣	臣	臣	臣
也	也	也	也	也	也
雖	雖	雖	雖	雖	雖
東	東	東	東	東	東
箭	箭	箭	箭	箭	箭
非	非	非	非	非	非
才	才	材	材	材	材
而	而	而	而	而	而
南	南	南	南	南	南
冠	冠	冠	冠	冠	冠
多	多	多	多	多	多

幸	幸	幸	幸	幸	幸
方	方	方	方	方	方
思	思	思	思	思	思
運	運	運	運	運	運
斧	斧	斧	斧	斧	斧
遽	遽	遽	遽	遽	遽
値	値	値	値	値	値
號	号	號	號	號	號
弓	弓	弓	弓	弓	弓
況	況	況	況	況	況
復	復	復	復	復	復
國	國	■ 國	國	國	國
重	重	重	重	重	重
佛 書	佛 書	佛	佛 ■	佛 ■	佛
家	家	家	家	家	家
藏	藏	藏	藏	藏	藏
僧	僧	僧	僧	僧	僧
史	史	史	史	史	史
法	法	法	法	法	法
碣	碣	碣	碣	碣	碣
相	相	相	相	相	相
望	望	望	望	望	望
禪	禪	禪	禪	禪	禪
碑	碑	碑	碑	碑	碑
最	最	最	最	最	冣
多	多	多	多	多	多
遍	遍	遍	遍	遍	遍
覽	覽	覽	覽	覽	覽
色	色	色	色	色	色
絲	絲	絲	絲	絲	絲
試	試	試	試	試	試
搜	搜	搜	搜	搜	搜
錦	錦	殘	殘	殘	殘
頌	頌	錦	錦	錦	錦
則	則	則	則	則	則
見	見	見	見	見	見
無	無	無	無	無	無
去	去	去	去	去	去
無	無	無	無	無	無
來	來	來	來	來	來
之	之	之	之	之	之
說	說	說	說	說	說

競	競	競	競	競	競
抱	抱	把	把	把	把
斗	斗	斗	斗	斗	斗
量	量	量	量	量	量
不	不	不	不	不	不
生	生	生	生	生	生
不	不	不	不	不	不
滅	滅	滅	滅	滅	滅
之	之	之	之	之	之
譚	談	譚	譚	譚	譚
動	動	動	動	動	動
論	論	論	論	論	論
車	車	車	車	車	車
載	載	載	載	載	載
曾	曾	曾	曾	曾	曾
無	無	無	無	無	無
魯	魯	魯	魯	魯	魯
史	史	史	史	史	史
新	新	新	新	新	新
意	意	意	意	意	意
或	不	或	或	或	或
用	用	用	用	用	用
周	周	同	同	同	同
公	公	公	公	公	公
舊	舊	舊	舊	舊	舊
章	章	章	章	章	章
是	是	是	是	是	是
知 石	知	知 ■	知 石	知 石	知
不	不	不	不	不	不
能	能	能	能	能	能
言	言	言	言	言	言
盆	盆	盆	盆	盆	盆
險	驗	驗	驗	驗	驗
道	道	道	道	道	道
之	之	之	之	之	之
云	云	云	元	云	云
遠	遠	遠	遠	遠	遠
惟	惟	唯	唯	唯	唯
懊	懊	懊	懊	懊	懊
師	師	師	師	師	師
化	化	化	化	化	化
去	去	去	去	去	去
早	早	早	早	早	早

臣	臣	臣	臣	臣	臣
歸	歸	■	歸	歸	(歸)
來	來	來	來	來	來
遲	遲	遲	遲	遲	遲
靉	靉	靉	靉	靉	靉
靆	靆	靆	靆	靆	靆
字	字	字	字	字	字
誰	誰	誰	誰	誰	誰
告	告	告	告	告	告
前	前	前	前	前	前
因	因	日	日	因	日
逍	逍	逍	逍	逍	逍
遙	遙	遙	遙	遙	遙
義	義	義	義	義	義
不	不	不	不	不	不
聞	聞	聞	聞	聞	聞
眞	眞	眞	眞	眞	眞
訣	訣	決	決	決	決
每	每	每	每	每	每
憂	憂	憂	憂	憂	憂
傷	傷	傷	傷	傷	傷
手	手	手	手	手	手
莫	莫	莫	莫	莫	莫
悟	悟	悟	悟	悟	悟
申	申	伸	伸	伸	伸
拳	拳	拳	擧	拳	拳
歎	嘆	歎	歎	歎	歎
時	時	時	時	時	時
則	則	則	則	則	則
露	露	露	露	露	露
往	往	往	往	往	往
霜	霜	霜	霜	霜	霜
來	來	來	來	來	來
遽	遽	遽	遽	遽	遽
彫	凋	涸	涸	涸	涸
愁	愁	愁	愁	愁	愁
鬢	鬢	鬢	鬢	鬢	鬢
談	談	談	談	談	談
道	道	道	道	道	道
則	則	則	則	則	則
天	天	天	天	天	天
高	高	高	高	高	高
地	地	地	地	地	地
厚	厚	厚	厚	厚	厚

僅	僅	廑	廑	廑	塵
腐	腐	腐	腐	腐	腐
頑	頑	頑	頑	頑	頑
毫	毫	毫	毫	毫	毫
將	將	將	將	將	將
諧	諧	諧	諧	諧	諧
汗	汗	汗	汗	汗	汗
漫	漫	漫	漫	漫	漫
之	之	之	之	之	之
遊	遊	遊	遊	遊	遊
始	始	始	始	始	始
述	述	述	述	述	述
崆	崆	崆	崆	崆	崆
峒	峒	峒	峒	峒	峒
之	之	之	之	之	之
美	美	美	美	美	美
有	有	有	有	有	有
門	門	門	門	門	門
人	人	人	人	人	人
英	爽	英	英	英	英
爽	英	爽	爽	爽	爽
來	來	來	來	來	來
趣	趣	趣	趣	趣	趣
受	受	受	受	受	受
辛	辛	辛	辛	辛	辛
金	金	金	金	金	金
口	口	口	口	口	口
是	是	是	是	是	是
資	資	資	資	資	資
石	石	石	石	石	石
心	心	心	心	心	心
彌	彌	彌	彌	彌	弥
固	固	固	固	固	固
忍	忍	忍	忍	忍	忍
踰	踰	踰	踰	踰	踰
刮	刮	刮	刮	刮	刮
骨	骨	骨	骨	骨	骨
求	求	求	求	求	求
甚	甚	甚	甚	甚	甚
刻	刻	刻	刻	刻	刻
身	身	身	身	身	身
影	影	影	影	影	影
絆	伴	伴	伴	伴	伴
八	八	八	八	八	八

冬	冬	冬	冬	冬	冬
言	言	言	言	言	言
資	資	資	資	資	資
三	三	三	三	三	三
復	復	復	復	復	復
抑	抑	抑	抑	抑	抑
六	六	六	六	六	六
異	異	異	異	異	異
六	六	六	六	六	六
是	是	是	是	是	是
之	之	之	之	之	之
屬	屬	屬	屬	屬	屬
辭	辭	辭	辭	辭	辞
無	無	無	無	無	無
媿	媿	媿	媿	媿	媿
賈	賈	賈	賈	賈	賈
勇	勇	勇	勇	勇	勇
有	有	有	有	有	有
餘	餘	餘	餘	餘	餘
者	者	者	者	者	者
實	實	實	實	實	實
乃	乃	乃	乃	乃	乃
大	大	大	大	大	大
師	師	師	師	師	師
內	內	內	內	內	內
蕩	蕩	蕩	蕩	蕩	蕩
六	六	六	六	六	六
魔	魔	魔	魔	魔	魔
外	外	外	外	外	外
除	除	除	除	除	除
六	六	六	六	六	六
蔽	弊	蔽	蔽	蔽	蔽
行	行	行	行	行	行
苞	苞	苞	苞	苞	苞
六	六	六	六	六	六
度	度	度	度	度	度
坐	坐	坐	坐	坐	坐
證	證	證	證	證	證
六	六	六	六	六	六
通	通	通	通	通	通
故	故	故	故	故	故
也	也	也	也	也	也
事	事	事	事	事	事
譬	譬	譬	譬	譬	譬

採	採	採	採	採	採
花	花	花	花	花	花
文	文	文	文	文	文
難	難	難	難	難	難
消	消	削	削	削	削
藁	蒿	藁	藁	藁	藁
遂	遂	遂	遂	遂	遂
同	同	同	同	同	同
榛	榛	榛	榛	榛	榛
楛	楛	楛	楛	楛	楛
勿	勿	勿	勿	勿	勿
剪	剪	翦	翦	翦	翦
有	有	有	有	有	有
慙	慙	■	慙	慙	慙
糠	糠	糠	糠	糠	糠
粃	粃	粃	粃	粃	粃
在	在	在	在	在	在
前	前	前	前	前	前
蹟	跡	跡	跡	跡	跡
追	追	追	追	追	追
蘭	蘭	蘭	蘭	蘭	蘭
殿	殿	殿	殿	殿	殿
之	之	之	之	之	之
遊	遊	遊	遊	遊	遊
誰	誰	誰	誰	誰	誰
不	不	不	不	不	不
仰	仰	仰	仰	仰	仰
月	月	月	月	月	月
池	池	池	池	池	池
佳	佳	佳	佳	佳	佳
對	對	對	對	對	對
偈	偈	偈	偈	偈	偈
效	效	效	效	效	效
栢	栢	柏	柏	柏	栢
梁	梁	梁	梁	梁	梁
之	之	之	之	之	之
作	作	作	作	作	作
庶	庶	庶	庶	庶	庶
幾	幾	幾	幾	幾	幾
騰	騰	騰	騰	騰	騰
日	日	日	日	日	日
域	域	域	域	域	域
高	高	高	高	高	高
譚	譚	譚	譚	譚	譚

芬	芬	芬	芬	芬	芬
皇	皇	皇	皇	皇	皇
寺	寺	寺	寺	寺	寺
釋	釋	釋	釋	釋	釋
慧	慧	慧	慧	慧	慧
江	江	江	江	江	江
書	書	書	書	書	書
幷	幷	幷	幷	幷	幷
刻	刻	刻	刻	刻	刻
字	字	字	字	字	字
歲	歲	歲	歲	歲	歲
八	八	八	八	八	八
十	十	十	十	十	十
三	三	三	三	三	三
院	院	院	院	院	院
主	主	主	主	主	主
大	大	大	大	大	大
德	德	德	德	德	德
能	能	能	能	能	能
善	善	善	善	善	善
通	通	通	通	通	通
俊	俊	俊	俊	俊	俊
都	都	都	都	都	都
唯	唯	唯	唯	唯	唯
那	那	那	那	那	那
等	等	等	等	等	等
玄	玄	玄	玄	玄	玄
逸	逸	逸	逸	逸	逸
長	長	長	長	長	長
解	解	解	解	解	解
鳴	鳴	鳴	鳴	鳴	鳴
善	善	善	善	善	善
旦	旦	旦	旦	旦	旦
越	越	越	越	越	越
成	成	成	成	成	成
碣	碣	碣	碣	碣	碣
西	西	西	西	西	西
■	■	■	■	■	■
大	大	大	大	大	大
將	將	將	將	將	將
軍	軍	軍	軍	軍	軍
着	着	着	着	着	着
紫	紫	紫	紫	紫	紫
金	金	金	金	金	金

魚	魚	魚	魚	魚	魚
袋	袋	袋	袋	袋	袋
蘇	蘇	蘇	蘇	蘇	蘇
判	判	判	判	判	判
阿	阿	阿	阿	阿	阿
叱	叱	叱	叱	叱	叱
彌	彌	彌	彌	彌	彌
加	加	加	加	加	加
恩	恩	恩	恩	恩	恩
縣	縣	縣	縣	縣	縣
將	將	將	將	將	將
軍	軍	軍	軍	軍	軍
熙	熙	熙	熙	熙	熙
弼	弼	弼	弼	弼	弼
當	當	當	當	當	當
縣	縣	縣	縣	縣	縣
■	■	■	■	■	■
刃	刃	刃	刃	刃	刃
淬	淬	淬	淬	淬	淬
治	治	治	治	治	治
■	■	■	■	■	■
■	■	■	■	■	■
■	■	■	■	■	■
于	于	于	于	于	于
德	德	德	德	德	德
明	明	明	明	明	明
龍	龍	龍	龍	龍	龍
德	德	德	德	德	德
四	四	四	四	四	四
年	年	年	年	年	年
歲	歲	歲	歲	歲	歲
次	次	次	次	次	次
甲	甲	甲	甲	甲	甲
申	申	申	申	申	申
六	六	六	六	六	六
月	月	月	月	月	月
日	日	日	日	日	日
竟	竟	竟	竟	竟	竟
建	建	建	建	建	建

3) 飜譯文

대당 신라국 고 봉암산사 교시지증대사 적조지탑비명 병서

입조하정[23] 겸 연봉 황화등사 조청대부 전수병부시랑 충서서원학사로 자금어대[24]를 하사받은 신 최치원[25]이 교를 받들어 찬하였다.

서술하여 말한다. 5상(常)을 방위로 나눔에 동방에 짝지어진 것을 '인심(仁心)'이라 한다. 3교에서 이름을 내세웠는데 청정한 지역에 나타난 이가 '불(佛)'이다. 인심이 곧 부처이니, 부처를 지목해서 '능인(能仁)'이라 하는 것은 당연하다. 동방의 유순한 성품의 근원을 이끌어 석가모니의 자비로운 가르침의 바다에 이르게 하는 것은, 돌을 물에 던지고 비가 모래를 모으는 것 같이 쉬웠다. 하물며 동방의 제후가 외방을 지키는 자로 우리보다 큰 나라가 없다. 땅의 기운이 이미 살리기 좋아함을 근본으로 삼고, 풍속 또한 서로 양보하는 것을 으뜸으로 함이라. 화락한 태평의 봄날이요, 은은한 상고의 교화로다.

더구나 성(姓)마다 불교에 참여하여, 머리를 깎고 임금의 자리[26]에 있으며, 언어가 범어를 답습하여 혀를 굴리면 불경의 글자가 되었다. 이는 바로 하늘이 밝게 서쪽을 돌아보고, 바다가 동방으로 흐르게 이끈 것이니, 군자들이 사는 곳에 부처의 도가 나날이 깊어지고 또 날로 깊어감이 마땅할 것이다. 또 노(魯)나라에서 별이 떨어진 것을 기록하고[27], 한(漢)나라에서 금인(金人)의 목에 태양을 두른 일을 징험함으로부터[28], 부처의 자취는 모든 시내

23) 入朝賀正 : 신라 사신이 새해축하를 위해 당나라에 간 것으로, 893년 告奏使 金處誨가 익사하였으므로 최치원이 하정사로 임명되었는데, 흉년으로 도둑이 횡행하여 가지 못하였다. 『삼국사기』 권46 최치원전에는 그 후 다시 사신으로 입당하였는데 언제인지는 알 수 없다고 하였으나, 그의 재입당은 재고의 여지가 있다.

24) 紫金魚袋 : 당나라 때 관리의 허리에 차던 장식구. 붕어 모양으로 만든 붉은 금빛의 주머니로, 3품 이상의 품계를 가지거나 特賜를 받은 사람만이 찼으며, 그 속에 성명이 적힌 표신을 넣었다.

25) 崔致遠(857~?) : 신라 하대 인물. 12세에 조기 유학생으로 당나라에 가서 18세(874)에 빈공진사가 되고, 溧水縣尉와 高駢의 從事官을 지내고, 29세(885)에 신라로 귀국하여 『계원필경집』 등을 바치고 헌강왕으로부터 侍讀兼翰林學士守兵部侍郎知瑞書監事의 직책을 받았으나, 중앙관직에 오래 있지 못하고 외직으로 밀려나, 태인현·서산군·함양군의 태수를 지냈다. 894년 진성여왕에게 시무책을 올려 시정의 개혁을 요구하였으나 阿飡에 제수되는데 그쳤으므로, 결국 관직을 그만두고 유랑하다가 898년 경에 해인사로 은거하였다. 그는 이곳에서 『부석존자전』, 『법장화상전』 등을 저술하였다. 고려 때 내사령, 文昌侯에 추봉되었다.

26) 寐錦 : 신라 麻立干 시기 임금의 별칭으로, 「광개토대왕비문」, 「울진봉평비문」 등에도 나온다.

27) 魯紀隕星 : 『魏書』 권114 「釋老志」에 "『춘추』 노나라 장공 7년 하4월, 밤에 恒星이 없는데도 별이 비처럼 쏟아져서 밝아졌다"라고 되어 있는 것을 석가 탄생의 때로 보고, 주나라 장왕 9년에 해당된다고 한 내용이다.

28) 漢徵佩日 : 『後漢書』 권88 「西域傳」 天竺과 『魏書』 권114 「釋老志」에 나오는 내용으로, 後漢 明帝 永平 3년(60)에 명제가 꿈속에서 목덜미에 둥근 해를 두른 金人을 본 고사. 명제는 꿈에서 깬 뒤 채음 등을 보내 천축에서 불교를 전해오도록 하였으므로, 중국에 불교가 초전된 사건으로 기록되었다.

가 달을 머금은 듯하고, 설법하는 소리는 온갖 소리가 바람에 우는 것 같았다. 혹 아름다운 가르침을 비단에 적기도 하고[29], 혹 빛나는 사실들을 비석에 새기기도 하였다. 그러므로 낙양 시내를 범람하고[30] 진나라 궁전을 비추었던 사적이[31] 마치 해와 달을 걸어 놓은 듯[32] 분명하게 기록되어 있으니, 진실로 3척 혀의 말재주와 5색 붓의 글재주가 아니면[33], 어찌 그 사이에 문장을 엮고 후세에 언설을 전할 수 있겠는가.

나아가 나라로 나라를 살피고 지방으로부터 지방에 이른 것을 살피니, 불교의 바람이 사막과 험준한 지대를 지나서 오고, 그 물결이 바다의 한 모퉁이에까지 비로소 미치었다.

옛날 우리나라가 삼국이 솥발과 같이 대치하고 있을 적에, 백제에 소도의 제의가 있었으니[34], 감천궁(甘泉宮)에서 금인(金人)에 제사지내는 것[35]과 같았다. 그 뒤 서진(西晉)의 담시(曇始)가 고구려 땅에 들어온 것은[36] 섭마등(攝摩騰)이 동으로 후한(後漢)에 들어온 것과 같았으며[37], 고구려의 아도가 우리 신라에 건너온 것은 강승회(康僧會)[38]가 남쪽으로 오나라에 간 것과 같았다. 이때는 바로 양나라의 보살제인 무제가 동태사[39]에서 돌아온 지 1년 만이요, 우리 법흥왕이 율령을 제정한 지 8년째 되는 해였다.

또한 이미 해안에 즐거움을 주는 뿌리를 심었으며, 해 뜨는 곳에 늘어나고 자라나는 보배가 빛났음이다. 하늘이 착한 소원을 들어주시고 땅에서는 좋은 인연이 솟아났다. 이에 중귀(이차돈)[40]가 제 몸을 바치고, 임금이 삭발하였으며, 비구가 서쪽으로 배우러 가고, 아라

---

29) 緝懿縑緗 : 겸상은 담황색의 얇은 비단으로, 서책을 장정하는 데 많이 사용되어 서책을 뜻하는 내용으로 쓰였다.

30) 濫雒宅 : 낙댁은 洛陽으로, 주나라 昭王 때 낙양의 江河와 우물물이 넘쳐흘렀던 고사. 『佛道論衡』에는 "서방에서 대성인(석가모니)이 탄생하였기 때문"이라고 한 太史 蘇由의 언급을 인용하였다.

31) 鏡秦宮 : 중국의 진시황이 서역 사문인 室利防 등을 궁중에 가두자, 거울을 달아맨 것처럼 밝은 얼굴을 한 丈六金身이 밤중에 나타나 그들이 달아날 수 있도록 도와주었던 고사로, 朱士行이 찬한 『經錄』에 나온다.

32) 合璧 : 해와 달. 『漢書』 律曆志에 "日月如合璧 五星如連珠"로 나온다.

33) 三尺喙과 五色毫는 언어인 말재주와 문자인 글재주를 말함.

34) 蘇塗 : 『三國志』 권30 魏書30 東夷傳30 韓 "소도를 세운 의미는 흡사 浮屠와 같으나 행한 것의 좋고 나쁨에는 다른 점이 있다", 『後漢書』 권85 東夷列傳75 韓 "또 소도를 만들어 큰 나무를 세워서 방울과 북을 매달아 귀신을 섬긴다" 참조.

35) 甘泉金人之祀 : 漢 武帝가 감천궁에 불상을 봉안하고 분향 예배한 고사로, B.C.122~117년경에 霍去病이 서역에서 불상 1구를 얻어가지고 돌아왔을 때의 일이다.

36) 厥後西晉曇始始之貊 : 담시는 東晉시대의 승려로서 白足和尙으로 별칭. 고구려 광개토왕 5년(395)에 經律 수십 부를 가지고 요동에 와서 교화하였는데, 『梁高僧傳』에서는 이를 고구려가 불교를 받아들인 시초라고 하였다. 『삼국유사』 권3 아도기라조에도 나온다. 『총람』에는 '□□西□□□于□'로 처리하고 있다.

37) 攝騰 : 迦葉摩騰 내지 攝摩騰이라 함. 중천축국 출신으로 후한 명제 때 竺法蘭과 함께 처음으로 중국에 불교를 전하였으며, 『四十二章經』을 번역하였다.

38) 康會 : 康僧會로, 康居國 계통으로서 인도에서 출생. 중국 吳나라 大帝 赤烏(238~251) 年間에 중국 강남지방에 처음 불교를 전하였음.

39) 同泰一春 : 양무제가 동태사에서 捨身을 행하고 돌아온지 1년이라는 뜻이다. 동태사는 중국 양나라의 사찰로, 현재 중국 남경의 지밍스(鷄鳴寺)가 그 곳이다.

한이 동쪽으로 와서 노닐었다.[41] 이로 인하여 혼돈이 개벽되고, 사바세계가 두루 교화되었으니, 산천의 좋은 경개를 가리어 토목의 기이한 공력을 다하지 않음이 없었다. 수도할 집을 꾸미고, 수행의 길을 밝히니, 신심이 샘이 솟듯 하고 지혜의 힘이 바람처럼 드날렸다. 과연 전쟁의 재앙을 없애고[42], 무기를 거두고[43] 경사를 칭송하니, 옛날엔 조그마했던 세 나라가 이제는 장하게도 한 집안이 되었다. 절이 구름처럼 늘어서서 장차 빈 땅이 없고, 큰 북이 우레같이 진동하니 하늘과 멀지 않다. 점차 번지어 물듦에 여유가 있었고, 조용히 탐구함에 싫증냄이 없었다.

그 교가 일어남에 있어, 소승불교인 비바사[44]가 먼저 이르자 우리나라에 사제(四諦)의 법륜이 달렸고[45], 대승불교인 마하연[46]이 뒤에 오니 한 나라에 일승의 거울을 비추었다. 그러나 경의에 능한 용 같은 이들이 구름처럼 뛰고[47], 율에 철저한 범 같은 이들이 바람같이 오르며[48], 교학 바다의 파도가 넘실거리고, 계(戒) 숲의 가지와 잎이 무성하였다. 도는 모두 끝없는 데 융합하고, 정은 혹 마음속에 통하였다. 문득 고인 물이 잔물결을 잠재우고, 높은 산이 일광을 두른 듯한 사람이 대개는 있었을 것이나, 세상에는 미처 알려지지 않았다.

장경(長慶, 821~824) 초에 이르러, 승 도의(道義)[49]가 중국으로 건너가서 서당지장(西堂智藏)[50]의 오묘한 경지를 보았는데, 지혜의 빛이 지장선사와 같아져서 돌아왔으니, 지혜로 처음 선종의 현묘함을 말한 이다. 그러나 분주한 망상에 사로잡혀서 남쪽의 목적지 대신 북쪽으로 달리는 잘못을 감싸고, 메추라기의 날개를 자랑하면서 남해를 향해 높이 나는 대붕을 꾸짖었다. 이미 교종의 외우는 말에만 마음이 쏠려 다투어 선종을 '마어(魔語)'라고 비웃었다. 이에 지붕 아래에 빛을 감추고, 종적을 그윽한 곳에 숨기었다. 동해의 동쪽인 왕경으로 갈 생각을 그만두고, 마침내 북산[51]에 은둔하였다. 어찌 『주역』에서 말한 "(세상을 피

---

40) 中貴 : 임금을 가까이 모시는 내관. 여기서는 이차돈을 가리킴.

41) 苾芻西學 羅漢東遊 : '필추서학'은 원광서학 등 신라의 비구승이 중국으로 유학한 것을, '나한동류'는 안함이 귀국할 때 함께 온 西域僧과 漢僧들이 신라에 머물렀음을 나타내는 말이다.

42) 漂杵 : 血流漂杵. 격렬한 싸움으로 죽은 사람의 피가 많이 흘러 방패가 떴다는 고사. 즉 신라가 고구려와 백제를 멸망시켰음을 말하는 것.

43) 鞬櫜 : 화살을 넣는 통과 활집으로, 무기를 거둔다는 뜻.

44) 毗婆娑 : 說一切有部의 소의경전인 『阿毘達磨大毘婆娑論』을 말하나, 여기서는 小乘敎를 의미하였다.

45) 四諦 : 苦·集·滅·道의 4가지 진리를 말함.

46) 摩訶衍 : 범어 Mahāyāna의 음역. 大乘敎를 의미한다.

47) 能龍雲躍 : 능란한 용이 구름 속에서 뛰는 것과 같음. 능은 '義'로 보고 교학에 능한 이를 지칭하기도 한다.

48) 律虎風騰 : 계율에 뛰어남이 마치 호랑이가 바람을 타고 달리는 듯함.

49) 道義 : 신라 하대 禪門 9山 가운데 迦智山派의 시조. 법호는 元寂으로 漢州 北漢郡 출신. 宣德王 5년(784)에 당나라 西堂智藏에게 수학한 후 헌덕왕 13년(821)에 귀국. 신라에 최초로 남종선을 전함. 『총람』에는 '道美'로 잘못 읽고, 이어 4字를 결락시킴.

50) 西堂 : 西堂智藏으로, 중국 洪州宗 馬祖 道一의 3대 제자의 하나. 시호는 大覺禪師. 洪州 開元寺 주지 역임.

51) 北山 : 설악산으로, 『祖堂集』 권17 道義 조에는 설악산 陳田寺로 나옴.

해 살아도) 근심이 없다"라고 한 사람이요, 『중용』에서 말한 "후회하지 않는다"라고 한 이가 아니겠는가. 꽃이 겨울 산봉우리에서 빼어나 선정의 숲에서 향기를 풍기매, 덕을 사모하는 자가 산에 가득하였고, 착하게 변한 사람이 골짜기를 나섰으니, 도는 폐(廢)할 수 없는 것으로 때가 되면 행해지는 것이다.

흥덕대왕이 왕위를 계승하고 선강태자(宣康太子)[52]가 감국과 무군의 일을 하게 됨에, 사악한 것을 제거하여 나라를 치유하고, 선을 즐겨하여 왕가를 살찌게 하였다. 홍척(洪陟)[53] 대사가 있었는데, 역시 서당에게서 심인(心印)을 증득하였다. 남악에 와서 발을 쉬고 있으니, 임금이 하풍(下風)에 따르겠다는 요청의 뜻을 밝히었고, 태자[54]는 안개가 걷힐 것이라는 기약을 경하하였다. 드러내 보이고 은밀히 전하여 아침의 범부가 저녁에 성인이 되니, 변함이 널리 행해진 것은 아니나, 일어남이 갑작스러웠다.

시험 삼아 그 종취를 엿보아 비교해 보건대, 닦되 닦을 것이 없음을 닦으며, 증득하되 증득할 것이 없음을 증득하였다[55]. 고요히 있을 때는 산이 서있는 것 같고, 움직일 때는 골짜기가 울리듯이 하였으니, 무위(無爲)의 유익함으로 다투지 않고도 이겼던 것이다. 이에 우리나라 사람의 마음속이 허령(虛靈)하게 되었는데, 능히 고요한 이익으로써[56] 해외를 이롭게 하였으면서도, 그 이롭게 한 바를 말하지 않으니 위대하다 하겠다.

이후 조각배를 타고[57] 중국에 건너가 도에 융합하였으니, 그 조상들을 생각하지 않으랴. 진실로 그런 이들이 번성하였도다. 혹 명검이 연진에서 변화하듯 하고[58], 혹 진주가 합포로 돌아오듯 하였는데, 거장이 된 이들을 손꼽아 셀만하다. 중국에 머문 이로는 정중사(靜衆寺)의 무상(無相, 680~762)[59]과 상산(常山)의 혜각(慧覺)이니, 곧 선보(禪譜)에서 익주김(益

---

52) 宣康太子 監撫 : 선강태자는 金忠恭으로, 흥덕왕의 同母弟이고, 민애왕의 부친이다. 둘째 형인 헌덕왕이 14년(822)에 셋째 형 秀宗(흥덕왕)을 副君으로 삼자, 上大等으로서 부군과 더불어 정치개혁을 추진하면서, 당시 집사시랑 祿眞의 도움을 받기도 하였다. 김헌창의 난에 각간으로 진압에 공을 세웠다. 갈문왕으로 추봉되고, 宣康大王으로 추존되었다. 감무는 監國撫軍의 뜻으로, 감국은 임금이 도성을 비웠을 때 태자가 임시로 국사를 감독하는 것이고, 무군은 임금이 출정하거나 외지로 나갈 때 태자가 그를 따르는 것이므로, 그가 태자의 소임을 맡아 활동한 것을 말한다.

53) 洪陟 : 헌덕왕 때 당에 가서 서당지장의 법을 받고 귀국하여, 지리산에 實相寺를 세우고 이를 중심으로 선풍을 드날린 실상산파의 개조(「실상사수철화상능가보월탑비문」 참조). 『총람』에는 '洪涉'으로 잘못 읽음.

54) 龍樓 : 漢代의 태자궁. 전하여 태자를 이름. 『총람』에서는 '樓'를 '德'으로 잘못 읽어 뜻을 흐리고 있다.

55) 修乎修沒修 證乎證沒證 : 『총람』에서는 '沒'을 '設'로 잘못 읽어 선종의 중요한 종지를 흐리고 있다.

56) 彭利 : 정은 靜으로 선종이 주는 이로움을 의미한다.

57) 觴騫河 : 晉나라 때 杯度和尙이 평소 神力이 탁월하여 나무잔을 타고 물을 건넜다는 고사로, 『梁高僧傳』 권10에 나옴. 여기서는 신라 승려들이 바다 건너 당나라로 유학간 것을 말함. 『총람』에는 '觸騫河'로 잘못 읽음.

58) 劍化延津 : 중국에서 득도한 뒤 돌아오지 않음을 말함. 『晉書』 권36 「張華傳」에 나오는 내용으로, 두 개의 靈劍이 각각 따로 있다가, 마침내 용으로 변하여 서로 합쳐졌다는 고사에서 유래. 『총람』에서는 '歛化□□□□□□津'으로 글자를 빼먹은 것으로 잘못 읽음.

59) 靜衆無相 : 신라 왕자로, 중국 사천 지역의 靜衆寺 주지를 지낸 無相大師(680~756)이다. 신라 聖德王

州金), 진주김(鎭州金)이 그들이다. 고국에 돌아온 이는 앞서 서술한 북산의 도의와 남악의 홍척, 조금 내려와서 대안사(大安寺)의 혜철(慧徹, 785~861)[60]국사, 혜목산(慧目山)의 현욱(玄昱, 787~868)[61], 지력(智力)의 문(聞), 쌍계사의 혜조(慧昭, 774~850)[62], 신흥(新興)의 언(彦)[63], 용암의 체(體)[64], 진구(珍無)의 휴(休)[65], 쌍봉사(雙峰寺)의 도윤(道允, 798~868)[66], 굴산사(崛山寺)의 범일(梵日, 810~889)[67], 양조(兩朝)국사인 성주사(聖住寺)의 무염(無染, 800~888)[68] 등이 보리의 종사로 덕이 두터워 중생의 아버지가 되고, 도가 높아 왕의 스승이 되었다. 옛날에 이른바 "이름이 도망쳐도 이름이 나를 따라오고, 명성을 피해 달아나도 명성이 나를 좇는다"라는 것이었다. 그러므로 모두들 교화가 중생세계에 미쳤고 행적이 큰 비석에 전하였으며, 좋은 형제에 많은 자손이 있어, 선정의 숲이 계림에서 빼어나도록 하고, 지혜의 물로 하여금 우리나라[69]에서 순탄하게 흐르게 하였다. 그리하여 따로 문을 나가거나 창밖을

의 셋째 왕자. 신라 南寺에서 승려가 되었고, 입당하여 당 玄宗의 예우로 禪定寺에서 수도하였다. 사천성의 成都에서 處寂(648~734)의 선풍을 이어 無相의 호를 얻고 靜衆寺의 주지로, 좌선과 두타행을 닦았다. 成都縣令 楊翌의 귀의를 받아 大慈寺 · 菩提寺 · 寧國寺 등을 건립하였다. 당시 중국의 四證으로 꼽혔는데, 保唐無住 · 馬祖道一 · 西堂智藏과 함께이다.

60) 大安徹 : 谷城 大安寺의 慧徹(785~861). 경주 출신. 시호는 寂忍, 탑호는 照輪淸淨. 16세에 출가하여 浮石寺에서 華嚴을 배우고 22세에 구족계를 받았음. 헌덕왕 6년(814)에 당에 가서 西堂智藏의 心印을 받고 西州에서 3년 동안 대장경을 연구하기도 하였다. 문성왕 원년(839)에 귀국하여 선종9산의 하나인 桐裏山派의 개조가 되었다.(「적인선사비문」 참조) 『총람』에서는 大安을 '夫大'로 잘못 읽고 있을 뿐 아니라, 徹은 '□'자로 처리하고 있다.

61) 慧目育 : 慧目山의 玄昱(787~868). 호는 圓鑑. 20세에 출가하여, 헌덕왕 16년(824)에 당에 가서 章敬懷暉에게 心印을 받고, 희강왕 2년(837)에 귀국하여 지리산 실상사에 주석하다가 여주 혜목산 高達寺에 머물며 활동하였다. 선종9산의 일파인 鳳林山派의 개조이다.

62) 雙溪照 : 雙溪寺의 眞鑑禪師 慧昭(774~850). 최치원이 찬한 「진감선사비」 참조.

63) 新興彦 : 『景德傳燈錄』에 보이는 大梅山 法常의 제자 가운데 忠彦으로 추정.

64) 涌岩體 : 『景德傳燈錄』에 나오는 章敬懷暉의 제자 覺體로 추정. 『총람』에서는 '涌□體'로 잘못 읽음.

65) 珍丘休 : 珍丘寺의 覺休. 『총람』에서는 '珍無休'로 잘못 읽음.

66) 雙峰雲 : 和順 雙峰寺의 道允(798~868). 시호는 澈鑑禪師, 탑호는 澄昭. 황해도 봉산 출신으로, 18세에 출가하여 화엄경을 고구하다가, 헌덕왕 17년(825) 당에 가서 南泉普願에게 배우고 문성왕 9년(847)에 귀국하였다. 문인 折中(826~900)이 선풍을 발전시켜 선종 9산의 일파인 獅子山派를 개창하고 도윤을 개조로 함.

67) 孤山日 : 闍崛山의 梵日(810~889). 品日이라고도 함. 15세에 출가하여, 흥덕왕 6년(831)에 당의 鹽官齊安의 心印을 받고 문성왕 9년(847)에 귀국하였다. 충청도 대덕 白達寺에 머물렀으나, 곧 溟州都督의 요청을 받아 강릉의 굴산사에 주석하면서 선풍을 진작한 선종9산의 일파인 闍崛山派의 개조.

68) 聖住染 : 보령 聖住寺의 無染(800~888). 최치원이 찬한 「낭혜화상비문」을 참조. 『총람』에서는 국사성주염을 國자 다음에 '□□□□□□□'의 7칸을 보이지 않는 것으로 처리하고 '師聖住□'이라 하여 염을 보이지 않는 글자로 잘못 처리하고 있다.

69) 鰈水 : 한반도의 별칭으로, 황해에서 가자미가 산출되기도 한데서, 또는 한반도의 모습이 가자미 같은데서 유래됨. 최치원은 이 말을 저술의 여러 곳에서 썼다. 즉 「讓位表」(『동문선』 권43), 「奏淸宿衛學生還蕃狀」(『동문선』 권47), 「謝賜詔書兩函表」(『동문선』 권33) 등에서이다. 『총람』에는 '□水'로 접자가 보이지 않는 것으로 잘못 읽음. 이제까지 잘못 읽은 『총람』의 내용을 정리해 보면, 도의, 홍척을 도미, 홍섭으로 바꾸어 놓았을 뿐 아니라, 대안철, 용암체, 진구휴, 국사성주염, 그리고 뒤에 나올 송섬, 준공 등 중요 인물의 이름을 부분적으로 빼거나 늘렸을 뿐 아니라 우리나라를 의미하는 접수의 접자를 보이지 않는 것으로 누락시키고 있다. 뿐만 아니라 태자궁을 의미하는 용루를 용덕으로, 왕토

내다보지 않고도 큰 도를 보며, 산이나 바다가 아니어도 으뜸 보물을 얻어, 안정된 마음으로 의념을 잠재우고 담담하게 세상 맛을 잊게 되었다. 저편의 중국에 가지 않고도 도에 이르고, 이 땅을 엄하게 하지 않고도 잘 다스려졌으니, 7현[70]의 누구로 비유할 수 있겠는가. 10주(住)[71]로는 그 위치를 정하기 어려운 이가 현계산[72] 지증대사 그 분이다.

처음 대성할 초기에는 범체(梵體) 대덕[73]에게서 몽매함을 깨우쳤고, 경의(瓊儀) 율사에게서 구족계를 받았다. 그리고 마침내 높이 도달할 적엔 엄군인 혜은(慧隱)[74]에게서 현묘한 이치를 탐구하였고, 영자라 할 양부(楊孚)[75]에게 묵계(黙契)를 전해 주었다. 법의 계보는, 당나라 4조 도신(道信)[76]이 5세 부(父)로서 그 법맥이 동쪽으로 점차 이 땅에 전하여 왔는데, 흐름을 거슬러서 이를 헤아리면, 쌍봉(雙峰)의 제자는 법랑(法朗)[77]이요, 손제자는 신행(愼行)[78]이요, 증손제자는 준범(遵範)이요, 현손제자는 혜은(慧隱)이요, 내손제자(來孫弟子)[79]가 대사이다. 법랑대사는 4조인 대의도신(大醫道信)의 큰 깨달음을 따랐다. 중서령(中書令) 두정륜(杜正倫)[80]이 지은 도신대사명(道信大師銘)에 이르기를, “먼 곳의 기이한 선비요 이역의 고고한 이로 험난한 길을 꺼리지 않고 진소(珍所)에 이르렀다”고 하였으니, 보물을 움켜쥐고 돌아간 사람이 법랑대사가 아니고 누구이겠는가. 다만 아는 사람은 말하지 않으니 다시 은밀한 곳에 감추어 두었는데, 비장한 보물을 찾아낸 이는 오직 신행대사뿐이었다. 그러나 때가 불리하여 도가 미처 통하지 못함이라. 이에 바다를 건너갔는데, 천자에게 알려지니, 숙종(肅宗)황제가 총애하여 시구를 내리되, “용아가 바다를 건너면서 뗏목에 힘입지 않

를 왕운으로 임의대로 바꾸고 있다. 또 혜은엄군은 혜은 암거로, 양부영자는 양부합우로, 삼전지대사를 삼□□대사로, 거즉화의도 □□□□의로, 사여금등을 사□□□으로 읽고 있어, 『조선금석총람』을 낸 조선총독부의 의도성이 드러난 부분이라고 하겠다.

70) 七賢 : 見道 이전의 凡夫位. 소승에서는 五停 · 念住의 3현위와 煖 · 頂 · 忍 · 世第一法의 4善根을 합쳐 7현위라 함. 대승에서는 初發心人 · 有相行人 · 方便行人 · 習種性人 · 性種性人 · 道種性人을 말함.

71) 十住 : 보살이 수행하는 단계인 52위 가운데 제11위에서 제20위까지임.

72) 賢鷄山 : 강원도 原城郡 富論面에 위치한 것으로 추정됨.

73) 梵體大德 : 9세기 전반 경에 활동한 신라 화엄종 승려. 『삼국유사』 등에 의상의 제자로 나오나 말손에 해당된다. 법융에게서 배웠으며, 그 제자로 潤玄이 있다.

74) 慧隱嚴君 : 『총람』에서는 엄군을 巖居로 잘못 읽고 있다.

75) 楊孚 : 陽孚로도 씀. 眞鑑禪師 慧昭와 智證禪師 智詵의 선풍을 함께 전수하였고, 오랫동안 지리산의 남쪽 西穴院에서 黙坐禪으로 수도하였으며, 康州 草八縣 伯嚴寺의 주지를 역임하였다. 靜眞大師 兢讓(878~956)의 스승. 『총람』에서는 令子를 合于로 잘못 읽고 있다.

76) 四祖 : 당나라 승려인 쌍봉산의 道身(580~651). 14세에 3조 僧璨을 만나 그로부터 법을 받고 선종의 제4조가 되었다. 廬山의 大林寺와 羈州의 破頭山 등에서 제자를 육성하였으며, 5조 弘忍에게 전수하였다. 당 太宗의 부름에 응하지 않았고, 代宗 때 大醫禪師로 추시됨.

77) 法朗 : 신라의 승려로 당나라의 4조 道信에게 선을 배우고 최초로 신라에 선(북종선)을 전하였음. 踟踞山에 머무르며 교화하였으며, 제자로 神行(愼行)이 있다.

78) 愼行 : 神行(704~779)으로, 「단속사 신행선사비」를 참조.

79) 來孫 : 현손의 자식으로, 6대 손이 됨을 말함.

80) 杜正倫 : 당나라 초기의 문인. 당 태종 貞觀 年間에 中書侍郎이 되었으며, 高宗 顯慶 初에 中書令으로 襄陽公에 봉해짐.

고, 봉자가 하늘을 날면서 달도 아랑곳하지 않는구나"라고 하였다. 신행대사가 '산과 새', '바다와 용'의 두 구절로 대구하니 깊은 뜻이 담겼다. 우리나라에 돌아와 3대를 전하여 대사에게 이르렀으니, 필만(畢萬)[81]의 후손이 크게 번창할 것이라는 말이 이에 증험된 것이다.

그의 속세 인연을 상고해 보면, 왕도 사람으로 김씨 성의 자손인데, 호는 도헌(道憲)이요 자는 지선(智詵)이다. 아버지는 찬괴(贊瓌)이고 어머니는 이씨(伊氏)이다. 장경(長慶) 갑진년인 824년에 세상에 태어나 중화(中和) 임인년인 882년에 세상을 뜨니, 승려 생활 43년에 나이가 59세였다. 그의 생김새를 보면, 키가 8자 남짓했고 얼굴이 1자 쯤이었으며, 풍채가 뛰어나며 말소리가 우렁찼으니, 참으로 이른바 '위엄이 있으면서도 사납지 않은' 사람이었다. 잉태로부터 입적 때까지의 기이한 행적과 숨겨진 이야기는 신출귀몰해서 붓으로 기록할 수 없을 정도이지만, 이제 사람들의 귀를 놀라게 할 6가지의 기이한 감응과 사람들의 마음을 경이롭게 한 6가지의 품행[82]을 자세하게 해석하려고 한다.[83]

처음에 어머니가 꿈을 꾸니 한 거인이 고하기를, "나는 옛날 승견불[84]의 말세에 승려가 되었는데, 성을 잘 냈으므로 오래도록 용의 과보를 받았으나, 업보가 이미 끝났습니다. 마땅히 법손이 될 것이므로, 묘한 인연에 의탁하여 자비로운 교화를 널리 펴기를 원합니다"라고 하였다. 이내 임신하여 거의 4백일을 지나 관불일(灌佛日)의 아침에 태어났다. 이는 이무기가 다시 태어난 고사에 징험되고[85] 꿈이 불모(佛母)의 태몽고사에 부합되어[86], 스스로 경계하는 사람으로 하여금[87] 더욱 조심하고 삼가게 하며, 가사를 두른 이는[88] 정밀히 닦게 하였으니, 탄생이 기이함의 첫 번째(異一)이다.

태어난 지 며칠이 지나도 젖을 빨지 않고, 짜서 먹이면 울어서 목이 쉬려고 하였다. 홀연히 도인이 문 앞을 지나다가 일러주기를, "아이가 울지 않게 하려면 훈채와 비린 것을 참

---

81) 畢萬 : 周 文王의 아들 畢公의 자손으로, 춘추시대 晉나라 사람. 진에 벼슬하여 獻公으로서 軍功을 세워 기원전 661년 魏(山西省 茹城縣)에 봉해졌다. 『춘추좌씨전』 閔公 원년에 "卜偃이 말하기를, 畢萬의 후대는 반드시 크게 될 것이다. 萬은 꽉 찬 수이고 魏는 大名이니, 魏지방을 상으로 받은 것은 하늘이 길을 열어준 것이다"라고 하였다. 뒷날 그의 말대로 세력이 강성해져서, 기원전 453년 魏의 桓子는 韓·趙와 함께 정변을 일으켜 진을 삼분하였으며, 그의 아들 文侯는 기원전 403년에 周의 威烈王으로부터 제후에 봉해졌다. 특히 문후는 유학을 숭상하고 西門豹·李悝·吳起 등을 중용하여 국정을 개혁함으로써 '全國七雄' 가운데 가장 강성한 나라가 되었다. 최치원은 「건왕에게 위박을 제수함을 하례하는 표[賀建王除魏博表]」(『동문선』 권31)에서 위는 대명이라고 쓰고 있다.

82) 操履 : 품행 또는 소행을 말함.

83) 分表 : 자세하게 해석한다는 뜻이다.

84) 勝見佛 : 과거 7불의 제1불로, 비바시불이라고도 한다.

85) 蟒亭 : 『양고승전』 권1 「안청전」에 의하면, 後漢 때 서역출신 승려 안청인 安世高의 발원으로 업보를 모두 마친 이무기가 소년으로 다시 태어났다는 고사.

86) 像室 : 석가의 모친 마야부인의 태몽. 六牙白象이 오른쪽 옆구리로부터 胎內로 들어오는 꿈을 꾸고 석가모니를 잉태하였음.

87) 佩韋 : 『한비자』 「관행」편에 의하면, 전국시대 魏나라의 西門豹가 성급한 마음을 고치기 위하여 항상 무두질한 부드러운 가죽을 차고 반성했다는 고사에서 유래한 것으로, 스스로 경계함을 이름.

88) 擁毳者 : 취의는 가사이므로, 승려를 의미함.

고 끊으시오"하였다. 어머니가 그 말을 따르자 마침내 아무런 탈이 없게 되었다. 젖으로 기르는 자로 하여금 더욱 삼가게 하고, 고기를 먹는 자에게 부끄러운 마음을 지니게 하였으니, 오랜 습관이 기이함의 두 번째(異二)이다.

9세에 아버지를 여의고 너무 슬퍼하여 거의 목숨을 잃을 정도로 몸이 상하였다. 명복을 빌어주는 스님이 이를 가련히 여기고 타이르기를, "허깨비 같은 몸은 사라지기 쉬우나, 장한 뜻은 이루기 어렵다. 옛날에 부처님께서 부모의 은혜를 갚으심에 큰 방편을 쓰셨으니 그대는 힘쓰거라"라고 하였다. 그로 인하여 느끼고 깨달아 곡을 거두고는 어머니에게 불도에 귀의하겠다고 청하였다. 어머니는 그의 어린 것을 애처롭게 여기고, 또 집안을 보전할 주인이 없는 것을 염려하여 확고히 허락하지 않았다. 부처가 왕성을 몰래 빠져나간 고사[89]를 듣고는 도망해 가서 부석산에 나아가 배웠다. 홀연히 어느 날 마음이 놀라 자리를 여러 번 옮겼는데, 잠시 뒤에 어머니가 그를 기다리다가 병이 났다는 말을 듣게 되었다. 급히 서울로 가니 병도 따라서 나았으므로, 당시 사람들이 양나라 무제 때의 효자인 완효서[90]에 견주었다. 얼마 지나지 않아서 대사가 고질에 전염되었는데, 의원에게 보여도 효험이 없었다. 여러 사람에게 점을 쳤더니 모두 말하기를, "마땅히 큰 신령인 부처에게 이름을 예속시키라"라고 하였다. 어머니가 그전의 꿈을 떠올리고는 조심스럽게 네모진 가사를 몸에 덮어주고 울면서 맹세하여 말하기를, "이 병에서 만약 일어나게 된다면 부처님의 제자로 삼아달라고 빌겠습니다"라고 하였다. 이틀 밤을 자고 난 뒤에 과연 완쾌되었다. 우러러 어머니를 깨닫게 하고, 끝내 평소에 품었던 뜻을 이루었음이라. 제 자식을 사랑하는 사람으로 하여금 애정을 끊게 하고, 불도를 미덥지 않게 여기는 사람들로 하여금 의심을 풀게 하였으니, 효성으로 감동시킨 것이 기이함의 세 번째(異三)이다.

17세에 이르러 구족계를 받게 되어 비로소 계단에 나아갔다. 소매 속에 빛이 반짝이는 것을 깨닫고 이를 더듬어 한 구슬을 얻었으니, 어찌 마음을 두어 구한 것이겠는가. 발이 없이도 이른 것이니, 참으로 『육도집경(六度集經)』에서 비유한 바이다. 배고파 울부짖는 자로 하여금 스스로 배부르게 하고, 취해서 쓰러진 자로 하여금 능히 깨어나게 하였으니, 마음을 격려한 것이 기이함의 네 번째(異四)이다.

하안거를 마치고 다른 곳으로 가려 하는데, 밤에 꿈속에서 보현보살인 변길보살[91]이 이마를 어루만지며 귀를 당겨 말하기를, "고행을 행하기는 어렵지만 이를 행하면 반드시 이룰 것이다"라고 하였다. 꿈에서 깬 뒤 놀란 나머지 오한이 든 것 같았다. 잠자코 살과 뼈대에 새길 정도로 명심하여 이로부터 다시는 명주나 솜옷을 입지 않았다. 실로 기워야 할 때

89) 踰城故事 : 석가모니가 29세에 몰래 왕성을 넘어 수행의 길로 나섰던 일.

90) 阮孝緖 : 중국 양 무제 때의 효자.

91) 遍吉菩薩 : 보현보살의 이칭. 『삼국유사』 권5 낭지승운 보현수조에도 보현보살이 변길보살로 나오고 있어 신라시대에는 이칭으로 쓰인 것을 알 수 있다.

는 반드시 삼이나 닥나무로 하였고, 좋은 신도 신지 않았다. 하물며 새의 깃으로 만든 부채나 털로 만든 깔개를 사용했겠는가. 솜옷을 입는 자로 하여금 눈을 뜨게 하고 비단옷을 입는 이로 하여금 부끄럽도록 하였으니, 자신을 단속함이 기이함의 다섯 번째(異五)이다.

젊은 나이 때부터 노성한 덕이 옹골찼고, 게다가 계주(戒珠)를 밝혔으므로, 후생들이 다투어 따르면서 배움을 청하였다. 그러나 대사는 이를 거절하여 말하기를, "사람의 큰 병통은 남의 스승이 되기를 좋아하는 것이다.[92] 억지로 지혜롭고자 해도 혜택을 주지 못하며, 그 모범이 되고자 하나 모범이 되지 못하는 것과 같음이라. 하물며 바다에 뜬 지푸라기와 같아서 자신도 건너갈 겨를이 없음이라. 그림자를 좇아다니다가 반드시 비웃음을 사는 꼴이 됨이라"라고 하였다. 뒤에 산길을 가는데 나뭇꾼이 앞길을 막으면서 말하기를, "앞서 깨친 이가 뒤에 깨칠 이를 깨우치는 데 어찌 덧없는 몸을 아끼려 합니까"라고 하였다. 나아갔으나 보이지 않았다. 이에 부끄러웠지만 깨닫고는, 찾아와서 구하는 이들을 막지 않았다. 계람산(鷄藍山)[93] 수석사(水石寺)에 대나무와 갈대처럼 빽빽이 몰려들었다. 얼마 뒤에 다른 곳에 땅을 골라 집을 짓고는 말하기를, "매이지 않는 것을 생각한다면, 옮기는 것이 귀한 일이다"고 하였다. 책의 글자만 보는 이로 하여금 하루 3번 자신을 반성하게 하고, 토굴을 경영하는 자로 하여금 자신을 9가지 생각[94]으로 반성하도록 하였으니, 훈계를 내린 것이 기이함의 여섯 번째(異六)이다.

태사에 추증된 경문대왕이 마음으로는 유·불·도 3교를 융회한 분으로, 직접 법륜을 굴리는 대사를 만나 보고자 하였다. 멀리서 그의 생각을 깊이 하며, 자신에게 와주기를 희망하였다. 이에 서한을 부쳐 말하기를, "(중국 은나라의 현인인) 이윤은 걸림이 없었고[95], (중국 진나라의) 송섬은 작은 것까지 살핀 사람[96]입니다. 유교를 불교에 비유하면, 가까운 곳으로부터 먼 곳에 오르는 것입니다. 왕도 주변의 산중에도 자못 아름다운 곳이 있으니, 새가 나무를 가려 앉듯 고를 수 있을 것입니다. 봉황의 거동을 아끼지 마십시오" 하였다. 근시 가운데 적임자를 잘 뽑았는데, 원성왕[97]의 6대손인 김입언(金立言)을 사자로 삼았다. 이미 교지를 전함이 끝나자, 제자의 예[98]를 갖추었다. 대사가 대답하기를, "몸을 닦고 남을 교화하

---

92) 人大患好爲師 : 사람의 큰 걱정은 남의 스승이 되기를 좋아하는 것이라는 말로, 『맹자』 離婁篇 上에 "人之患 在好爲人師"가 나온다.

93) 鷄籃山 : 계람산은 지금의 춘천지방에 위치한 산.

94) 九思 : 군자가 항상 염두에 두고 반성하며, 그 행실을 삼가야 할 9가지의 일. 즉 『논어』 季氏篇의 視思明 · 聽思聰 · 色思溫 · 貌思恭 · 言思忠 · 事思敬 · 疑思問 · 忿思難 · 見得思義의 총칭.

95) 伊尹大通 : 이윤이 사물에 구애받지 않음을 이름.

96) 宋纖小見 : 송섬이 세상에 몸을 드러내지 않은 것을 이름.

97) 鵠陵 : 신라 원성왕릉을 곡릉이라 함. 최치원의 「大崇福寺碑」에 의하면, 원성왕의 사후 유언대로 봉덕사 남쪽에서 화장을 하였으나 능을 쓸 곳을 정하지 못하고 있다가, 鵠寺를 근처로 옮겨 대숭복사로 개창해 주고 땅값으로 2,000苫을 치른 후 능을 썼으므로 곡릉(현재의 괘릉)이라 한 것이다.

98) 攝齊 : 『논어』 「鄕黨」편의 攝齊升堂으로, 걷거나 올라갈 때 옷자락에 걸려 넘어져 체면을 손상하지 않도록 옷자락을 걷어 올림. 제자의 예.

는데 고요한 곳을 버리고 어디로 나아가겠습니까. '새가 나무를 가려 앉듯 하라'라는 명은 저를 위하여 잘 말해 준 것입니다. 바라건대 이대로 있게 허락해주시어[99], 거듭되는 부름을 피해 다른 곳으로 가지 않게 해주십시오[100]"라고 하였다. 임금께서 이 말을 듣고 더욱 진중하게 여겼다. 이로부터 명예는 날개가 없이도 사방으로 날아갔으며, 대중은 말이 없이도 아주 달라졌다.

함통 5년(864) 겨울에 단의장옹주(端儀長翁主)가 미망인이라 칭하면서 당래불(當來佛)에 귀의하였다. 대사를 공경하여 이르기를 하계에 내려오셨다 하고, 상공(上供)을 후히 하였다. 읍사(邑司)의 관할인 현계산(賢溪山) 안락사(安樂寺)에 아름다운 산수가 많다면서, 원학(猿鶴)의 주인[101]이 되어 달라고 청하였다. 이에 대사가 문도들에게 고하기를, "산의 이름이 현계(賢溪)이니 땅이 바보 골짜기(愚谷)와는 다르며, 절의 이름이 안락(安樂)이니 중으로서 어찌 주지하지 않으리오" 하고는, 그 말을 따라 옮겨서 머문 즉 교화되었다. 산을 좋아하는 자로 하여금 더욱 고요해지게 하고, 땅을 택하는 자로 하여금 신중히 생각하게 하였으니, 행하고 머뭄이 옳음의 하나(是一)이다.

다른 날 문인에게 일러 말하기를, "고인이 된 한찬(韓粲)[102] 김의훈(金嶷勳)공이 나에게 도첩을 주어 승려가 되게 하였으니, 공에게 불상으로써 보답하겠노라" 하고는, 곧 1장 6척의 철불상을 주조하여 야금을 입혔다. 이에 절을 수호하고 저승으로 인도하는데 소용되게 하였다. 은혜를 베푸는 자로 하여금 날로 돈독하게 하고, 의리를 중히 여기는 사람으로 하여금 바람처럼 따르도록 하였으니, 보은을 아는 것이 옳음의 둘(是二)이다.

함통 8년(867) 정해년에 이르러, 시주인 옹주가 여금(茹金) 등을 시켜서 사찰의 토지와 노비문서를 건네주며 승려들의 객사로 삼게 하고, 영영 바꿀 수 없도록 하였다. 대사가 이를 계기로 생각해 온 것을 말하였다. "왕녀가 법희(法喜)를 제공함이 오히려 이와 같거늘, 불손(佛孫)이 선열(禪悅)을 맛보고도 어찌 그냥 있을 수 있겠는가. 내 집이 가난하지 않은데 친족이 다 죽고 없으니, 내 재산을 길가는 행인의 손에 떨어지게 하기보다 차라리 선문 제자들의 배를 채워주리라"라고 하였다. 드디어 건부(乾符) 6년(879)에 장(莊) 12구(區) 전(田) 500결(結)[103]을 희사하여 절에 예속하게 하였다. 누가 밥주머니라고 조롱했던가[104]. 죽 먹는 일을 능히 솥에 새길 수 있을 것[105]이다. 양식에 힘입어 정토를 기약할 수 있게 되었

---

99) 安塗中 : 현재의 상태에 안주함을 말함. 『莊子』 秋水편 참조.

100) 在汶上 : 『논어』 「옹야」편의 내용으로, 공자의 제자 閔子騫아 季氏의 부름을 사양하고 다시 부르면 汶水를 건너겠다고 한 고사. 왕의 거듭되는 부름을 피해 다른 곳으로 가는 것을 이름.

101) 猿鶴主人 : 원숭이와 학을 기르며 한가롭게 사는 사람을 이름.

102) 韓粲 : 신라 관등 제5위 大阿湌.

103) 莊十二區 田五百結 田莊이 12구획으로 토지가 500결인 것을 말하는데, 해석하는 이에 따라 장 12구 안에 포함된 500결로 보는 입장과 장 12구와 전 500결을 따로 보는 견해가 있다.

104) 飯孰譏囊 : 밥처럼 중요한 것이 없는데도 하필이면 무능한 사람을 비유할 때 밥주머니라고 했느냐는 뜻. 譏囊은 무능하여 아무데도 쓸모없이 무위도식하는 사람을 '밥주머니(飯囊)'라고 조롱하는 것.

다.

비록 내 땅이라 하더라도 임금의 땅에 속해 있기 때문에, 처음에 왕손인 한찬(韓粲) 김계종(金繼宗)[106]과 집사시랑인 김팔원(金八元)[107], 김함희(金咸熙)[108] 및 정법대통(正法大統)[109]인 석현량(釋玄亮)에게 질의하였던 것인데, 심원한 곳에서 소리가 나 천리 밖까지 울리니, 태부에 추증된 헌강대왕께서 본보기로 여겨 윤허하였다. 그 해 9월에 남천군(南川郡) 승통[110]인 훈필(訓弼)에게 별서를 표시하고 정장(正場)을 구획하도록 교를 내렸다. 이는 대개 밖으로는 군신이 땅을 늘리도록 도와주고, 안으로는 부모가 천상에 태어나도록 이바지한 것이다. 목숨을 이은 사람으로 하여금 인(仁)에 참여하게 하고, 가기(歌妓)에게 후히 상을 준 사람으로 하여금 허물을 뉘우치도록 하였으니, 단월로서 희사한 것이 옳음의 셋(是三)이다.

초발심하여 건혜지[111]에 머물고 있는 사람이 있었는데 심충(沈忠)이라고 하였다. 그는 대사가 선정과 지혜의 칼날이 여유롭고, 천문과 지리의 감식안이 투철하여, 의지는 담란(曇蘭)처럼 확고하고[112] 학술이 안름(安廩)과 같이 정밀하다[113]는 말을 듣고는 찾아가 극진한 예를 마친 뒤 아뢰기를, "제자에게 여분의 땅이 있는데, 희양산 중턱에 있습니다. 봉암(鳳巖)과 용곡(龍谷)의 형세로 지경이 괴이하여 사람의 눈을 놀라게 하니, 바라건대 선궁을 지으십시오"라고 하였다.

대사가 천천히 대답하기를, "내가 몸을 나누지 못하거늘 어찌 이를 쓰겠는가"라고 하였다. 심충의 요청이 워낙 굳센데다가 산이 신령스러워 갑옷 입은 기사가 선도하여 달려 나오는 듯한 기이함이 있었다. 이에 석장을 짚고 나뭇꾼이 다니는 오솔길로 가서 두루 살피었는데, 또한 산이 병풍처럼 사방을 막은 것을 보니, 큰 산새가 날개를 치며 구름 위로 솟구치는 듯하고 물이 백 겹으로 띠 두른 듯 하며, 이무기가 허리를 돌에 대고 튼 듯하였다.

놀라면서 감탄하여 말하기를, "이 땅을 얻음이 어찌 하늘의 뜻이 아니겠는가. 승려의 거처가 되지 않는다면 도적의 소굴이 될 것이다"라고 하였다. 마침내 대중에 앞서 솔선하여 후환을 방비할 기반을 삼았다. 기와로 인 처마가 사방으로 이어지도록 일으켜 지세를 누르

105) 粥能銘鼎 : 正考父가 솥에 自銘하기를, "이 솥에다 전을 끓이고 죽을 끓여서 내 입에 풀칠을 하였다"는 고사로, 정고보처럼 높은 지위에 오른 사람조차도 죽을 먹을 정도로 양식을 중히 여겼다는 뜻.

106) 繼宗 : 문성왕의 從叔인 김계종으로, 監修造使 行武州長史를 역임함.

107) 金八元 : 관등은 阿飡. 경문왕대 황룡사구층목탑 수리공사에 참여하였음.

108) 金咸熙 : 內省卿 沙飡으로, 경문왕대 황룡사구층목탑 수리공사에 참여하였음.

109) 正法大統 : 신라 원성왕대에 설치된 승정기구인 正法司의 大統.

110) 南川郡僧統 : 남천군은 利川으로, 통일신라 지방승정기구로 郡統이 설치되어 있었음.

111) 乾慧地 : 觀行을 닦아 지혜는 깊으나, 아직 法性의 이치를 완전히 깨닫지 못한 수행의 한 단계.

112) 曇蘭 : 東晉의 승려. 慧持 법사의 제자.

113) 安廩 : 중국 남조 陳의 승려(507~583). 經史에 통달하였을 뿐만 아니라, 老莊을 좋아하였고 兵書, 術數에도 능하였다. 출가한 뒤 世祖, 文帝의 총애로 대궐에 자주 출입하였다.

고, 철불상 2구를 주조하여 호위하였다.

중화(中和) 신축년인 881년에 전(前) 안륜사(安輪寺) 승통인 준공(俊恭)과 숙정대(肅正臺)의 사(史)114)인 배율문(裵聿文)을 보내 절의 경계를 표시하여 정하게 하고, 이어 편액을 하사하여 '봉암(鳳巖)'이라 하였다. 대사가 가서 교화한 지 몇 년이 지났을 때, 산에 사는 백성으로 들도적이 된 자가 있어 처음에는 감히 법륜에 맞섰으나 끝내 감화하게 되었다. 마땅히 선정의 물을 깊이 떠서 미리 마산(魔山)에 물을 댄 큰 힘 덕분이 아니겠는가. 팔이 부러진 자로 하여금115) 의리를 드러내도록 하고, 용미(龍尾)를 파헤치려는 자로 하여금 광기를 제어하게 하였으니, 선심(善心)을 개발한 것이 옳음의 넷(是四)이다.

헌강대왕116)이 중국의 풍속으로 폐풍(弊風)을 일소하고, 넓은 지혜로써 마른 세상을 적시었다. 평소에 북위의 영육 현고(靈育 玄高)117)의 이름을 흠앙하시고, 동진의 법심 축잠(法深竺潛)118)의 강론을 듣고자 갈망하였다. 이에 계족산(鷄足山)에 마음을 기울여 조서를 보내 초빙하며 이르기를, "밖에서 보호한 작은 인연이 잠깐 사이에 1년을 넘겼으니, 안으로 큰지혜를 닦을 수 있도록 부디 한번 와주시기 바랍니다"라고 하였다. 대사는 임금의 낭함(琅函)에서 "좋은 인연이 세상에 두루 미침은 (불보살이) 인간계에 섞여 모든 백성들과 함께 하기 때문이다"라고 언급한 것에 감동하여, 옥을 품고 산에서 나왔다.

수레가 베 날듯이 길에서 맞이하였다. 선원사(禪院寺)119)에서 휴식하게 되자 편안히 이틀동안을 묵게 하고는, 인도하여 월지궁(月池宮)120)에서 '마음(心)'에 대해 질문하였다. 그 때는 가는 등라의 덩굴에도 바람이 일지 않고 온실의 나무에 바야흐로 밤이 깃들고 있었다. 마침 달의 그림자가 맑은 못 가운데 똑바로 비친 것을 보고는, 대사가 구부려 살피다가 고개를 들고 고하기를, "이것(月)이 곧 이것(心)이니 더 이상 할 말이 없습니다"라고 하였다. 임금이 씻은 듯이 흔연히 계합(契合)하여 말하기를, "부처가 연꽃을 들어 보이며 전한 염화시중의 풍류가 진실로 이에 합치되는구려!"라고 하였다. 드디어 제배(除拜)하여 망언사(忘言師)로 삼았다.

---

114) 肅正史 : 肅正臺의 史. 숙정대는 신라 때 백관의 감찰을 직무로 하던 관청. 무열왕 6년(659) 설치한 사정부를 경덕왕 18년(759) 숙정대로 개칭하였던 것을 혜공왕 때 다시 원래대로 복구시켰다. 史는 숙정대의 관원 가운데 네 번째 관직. 문무왕은 外司正 133인을 두었는데, 州에는 2인, 郡에는 1인이었다.

115) 折臂者 : 팔이 부러진 사람. 묘자리를 잘보는 地師의 말을 따르지 않고 조상의 묘를 팠다가 나중에 팔이 부러졌던, 晉나라 羊祜의 고사에서 유래. 여기서는 法輪에 따르지 않고 대들었던 野寇를 이름.

116) 太傅大王 : 헌강대왕.

117) 靈育 : 北魏의 고승인 현고(玄高, 402~444). 영육은 속명. 12세에 출가, 佛馱跋陀羅에게 佛法을 묻고 曇弘 등과 사귀었다. 뒤에 북위로 가서 태자 晃의 존숭을 받았으나, 북위 太武帝의 불교 탄압 때 희생되었다.

118) 法深 : 東晉의 승려 竺潛. 簡文帝의 존숭을 받아, 궁중에 들어가 般若經을 강하였다.

119) 禪院寺 : 신라의 왕경에 있던 사찰.

120) 月池宮 : 『삼국사기』 헌덕왕 14년 정월에 "왕이 母弟인 秀宗(흥덕왕)을 副君으로 삼아 월지궁에서 살도록 하였다"고 한 기록에 의하면 동궁으로 볼 수 있다.

대사가 대궐을 나서자, 임금이 충직한 신하로 하여금 자신의 뜻을 전하게 하면서, 조금 더 머물러 주기를 바랐다. 대사가 답하기를, "우대우(牛戴牛)라고 이르지만, 값어치는 얼마 안됩니다. 새를 새의 본성에 따라 기르신다면 그 은혜가 작지 않을 것입니다. 여기서 작별하기를 청하오니, 굽히려 한다면 부러지고 말 것입니다"라고 하였다.

임금께서 이를 들으시고 한숨을 쉬며, 운어(韻語)로써 탄식하여 말하기를, "베풀어도 이미 머물지 않으니 불문(佛門)의 등후(鄧侯)[121]로다. 대사는 '지둔(支遁)이 놓아 준 학[122]'이나, 나는 '속세를 초월한 갈매기[123]'가 아니로다"라고 하였다.

그리고 곧 10계를 받은 제자[124]인 선교성(宣敎省) 부사(副使) 풍서행(馮恕行)에게 명하여 대사가 산으로 돌아가는 데 호송하게 하였다. 토끼를 기다리는 자로 하여금 그루터기에서 떠나게 하고, 물고기를 탐내는 자로 하여금 그물을 짜는 것을 배우도록 하였으니, 세상에 나가서 교화하고 물러와 도를 닦는 것이 옳음의 다섯(是五)이다.

대사는 세간을 다님에 있어, 멀고 가까움과 평탄하고 험준함을 가리지 않고, 일찍이 말이나 소에게 수고를 대신하게 하지 않았다. 산으로 돌아갈 즈음에 얼음이 얼고 눈이 쌓여 산을 넘고 물을 건너는 데 지장을 주었다. 이에 임금이 종려나무로 만든 사람이 메는 가마를 타고 가게 하니, 사자에게 사절하며 말하기를, "이 어찌 정대춘(井大春)[125]이 말한, 사람이 끄는 수레이겠습니까. 돌아보면 뛰어난 인물들도 필요한 바가 아닌데, 하물며 삭발한 중이겠습니까. 그러나 왕명이 이미 이르렀으니, 그것을 받아 괴로움을 구제하는 도구로 삼겠습니다"하였다. 병으로 말미암아 안락사로 거처를 옮겨가고 나서 석장을 짚고도 일어날 수 없게 되었을 때, 비로소 그것을 탔다. 병을 병으로 여기는 사람에게 공을 깨닫도록 하고, 어진이를 어질게 여기는 사람으로 하여금 집착에서 벗어나게 하였으니, 용사(用捨)가 옳음의 여섯(是六)이다.

---

121) 鄧侯 : 중국 진나라의 尙書左僕射를 지낸 登攸. 오군태수로 선정을 베푼 인물, 『晉書』 권90 양리열전 등유전.

122) 支鶴 : 동진의 고승 支遁(314~366)이 학을 놓아 준 고사. 字는 道林. 당시의 명사인 謝安 · 孫綽 · 李充 · 許詢 등과 함께 淸談을 즐겼음. 일찍이 어느 집에서 학을 길렀는데, 지둔이 그 학에게 이르기를 "하늘 높이 올라 俗界를 떠나야지, 어찌 耳目의 즐기는 바가 되리오"라고 하고는, 마침내 놓아주었다고 한다.

123) 超鷗 : 속세를 초월한 갈매기. 옛날 해안에 사는 어떤 사람이 갈매기를 매우 좋아하여, 매일 아침 바닷가에 나가 갈매기와 놀았다. 하루는 그의 아버지가 갈매기를 길러 보겠다면서 몇 마리 잡아오라고 하였다. 그 이튿날 바닷가에 나갔더니, 갈매기들이 공중에서 맴돌 뿐 내려오지 않았다고 한다.

124) 十戒弟子 : 菩薩戒를 받은 불제자를 이름. 보살계는 10계로, 不殺生 · 不偸盜 · 不邪淫 · 不妄語 · 不飮酒 · 不說過罪 · 不自讚毁他 · 不慳 · 不瞋 · 不謗三寶를 말한다.

125) 井大春 : 後漢 光武帝 때의 隱士. 이름은 丹, 자는 大春. 젊어서 太學에서 수업하여 五經에 통달하였고 談論을 잘했으므로, 洛陽에서 '五經紛綸井大春'이라고 하였다. 성품이 맑고 고결하여 仕宦을 즐겨하지 않았으며, 만년에는 隱閉하여 여생을 마쳤다. 항상 말하기를, "黃帝가 수레를 만든 뒤, 少昊氏가 소로써 끌게 하고 禹임금이 말로써 끌게 하였는바, 이것도 대단히 옳지 않는 일이거늘, 하물며 사람으로써 대신하게 할 수 있겠는가"라고 하여, 사람이 사람을 수레에 태워 나르는 것이 人道에 어긋남을 역설하였다고 한다. 『전문』에는 이 뒤에 한 글자가 더 없음.

겨울 12월 기망(旣望)의 이틀 뒤인 18일에 가부좌하고 서로 말을 나누다가 조용히 세상을 떠났다. 아아! 별은 하늘로 돌아가고 달은 큰 바다에 떨어졌도다. 종일 부는 바람이 골짜기에 진동하니 그 소리는 호계(虎溪)의 울부짖음과 같았고, 쌓인 눈이 소나무를 부러뜨리니, 그 색은 흰 사라쌍수[126]와 같았다. 외물이 감응함도 이같이 극진하거늘, 사람의 슬픔이야 헤아릴 만하다. 이틀 밤을 넘겨 현계산에 임시로 매장했다가, 1년 뒤의 그 날에 희양산 들로 옮겨 장사지냈다.

사(詞)에 이르기를,

공자는 인에 의지하고 덕에 의거하였으며,
노자는 백을 알면서도 능히 흑을 지키었네.
두 교가 한갓 천하의 법식이라 일컬었지만,
석가는 힘 겨루는 것을 나무랐네.
십만 리 밖에 서역을 비추었고,
일천 년 뒤에 동국을 밝히었네.
계림의 땅은 금오산의 곁에 있으며,
선(仙)과 유(儒)에는 옛부터 기특한 이가 많았네.
어여쁘게도 희중(羲仲)[127]이 직분에 충실하여,
다시금 불일을 맞아 공과 색을 변별하였네.
교문이 이로부터 단계 별로 나뉘고,
말의 물길이 그로 인해 수로를 다스리었네.
몸은 토끼굴에 의지해도 마음은 쉬기 어려웠고,
발이 갈림길을 밟으니[128] 눈이 현혹됨이네.
법해(法海)가 순탄하게 흐를지 진실로 헤아리기 어려운데,
마음으로 안결(眼訣)을 얻으니 진리를 포괄하였네.
증득의 증득은 무심을 증득함과 같으나,
침묵 중의 침묵은 겨울 매미의 침묵과는 다르네.
북산의 도의와 남악의 홍척이

---

126) 鵠樹 : 鵠과 鶴은 뜻이 통함. 석가모니가 沙羅雙樹 아래에서 입적하였을 때 나무가 하얗게 변하여 마치 학이 내려앉은 것과 같았다는 고사에서 유래.

127) 羲仲 : 『書經』 虞書 堯典에 나오는 4時를 주관하던 직책. 羲和로도 쓰임. 최치원은 「讓位表」(『동문선』 권43)와 「新羅迦耶山海印寺善安住院壁記」(『동문선』 권64)에서도 羲仲의 표현을 즐겨 쓰고 있다.

128) 羊岐 : 楊子의 이웃 사람이 양을 잃어버렸는데, 갈림길 속에 또 갈림길이 있어 찾지 못하였다는 고사. 학문 또는 종교상 이설이 많음을 비유.

큰 고니의 날개를 드리우고 대붕의 날개를 펼쳤네.
해외에서 제 때에 오니 도를 누르기 어려워,
멀리 뻗는 선의 물줄기가 막힘이 없네.
다북쑥이 삼대에 의지하여 스스로 곧을 수 있었고129),
구슬을 옷 속에서 찾으니 이웃에게 빌리는 것을 그만 두었네130).
즐기었구나 현계산의 선지식이여!
12인연이 허식이 아니었네.
무엇하러 사막을 건너고 산맥을 넘을 것이며,
무엇하러 붓끝을 빨며 먹물을 머금게 할 것인가.
저들은 혹 멀리서 배우고 고생하며 돌아왔지만,
나는 고요히 앉아 마적을 항복받았네.
의념(意念)의 나무를 잘못 심어 기르지 말고,
정욕(情欲)의 밭에다 농사를 그르치지 말 것이네.
항하의 모래를 두고 만억을 논하지 말고,
외로운 구름에 남북을 정하지 말 것이네.
덕의 향기는 사방 멀리 치자 꽃131)처럼 번져가고,
지혜의 교화는 일방의 사직을 편안하게 하였네.
몸소 임금의 은총을 받들어 누더기 자락을 펄럭였고,
마음을 물에 비친 달에 비유하여 선풍을 드날렸네.
집안을 이을 부유한 처지에서 누가 가시밭길에 들어서랴.
썩은 선비의 눈먼 지팡이로 더듬는 것이 부끄럽네.
발자취가 보당처럼 빛나니 이름을 새길 만한데,
나의 재주가 금송(錦頌)을 감당하지 못하여 글을 지어내기 어렵네.
굶주린 창자가 선열의 공양에 배부르려면,
산중으로 와서 전각을 살펴 볼 것이네.

---

129) 蓬託麻中能自直 : 다북쑥도 삼대 속에서는 절로 곧아짐. 곧 사람은 선천적으로 어떠한 구별이 있는 것이 아니라, 환경과 습관에 따라 얼마든지 달라질 수 있다는 뜻.

130) 休傍貸 : 옆에서 빌리는 것을 그만둠. 초기에는 우리나라의 선이 이웃 중국에 의지하였으나, 지증대사 당시에는 이미 여건이 성숙되어 우리 스스로도 禪脈을 유지 발전시킬 수 있었다는 말.

131) 德馨四遠聞詹蔔 : 담복은 치자꽃으로, 서역에서 온 까닭에 서역담복이라 하며, 향기가 멀리 가기 때문에 국가적인 법회 때 공양품으로 쓰였다. 詹은 薝으로 쓸 수 있다. 『삼국유사』 권3 만불산조 참조. 최치원은 「天王院齋詞」(『桂苑筆耕集』 권15)에서도 薝蔔之香의 용어를 쓰고 있다.

【음기(陰記)】

태부 헌강왕이 의원을 보내 문병하시고 파발마를 내려보내 재(齋)를 지내도록 하였다. 공정하게 정무를 보시느라 겨를이 없으면서도, 생전과 사후에 한결같이 하였다. 보살계를 받은 제자요 건공향(建功鄕)의 수령인 김입언(金立言)에게 특별히 명하여, 여러 제자들을 위로하게 하고 '지증선사(智證禪師)'라는 시호와 '적조(寂照)'라는 탑호를 내리었다. 이어 비석 세우는 일을 허락하고, 대사의 행장을 적어 올리라 하시니, 문인인 성견(性蠲)·민휴(敏休)·양부(楊孚)·계휘(繼徽) 등이 모두 글재주가 있는 사람들인지라, 묵은 행적을 간추려서 바쳤다.

을사년(乙巳年, 885)에 이르러 국민 가운데 유교를 매개로 하여 황제의 나라에 가서 이름을 급제자의 명단에 높이 걸고 관직이 시어사(侍御史)에 오른 이가 있어 최치원이라고 하는데, 당나라 황제의 조서를 받들고 회왕(淮王)의 예물을 가져 왔으니, 비록 봉새가 날아오는 것에 비하기는 부끄러우나, 학이 돌아온 것엔 자못 비길 만하다고 할 것이다.

임금이 신임하는 신하로서 청신남(淸信男)인 도죽양(陶竹陽)에게 명하여, 대사의 문인들이 쓴 행장을 치원에게 주도록 하고 수교(手敎)를 내려 이르기를, "누더기를 걸친 동국의 선사가 서방정토로 떠나 슬퍼하였는데, 비단 옷을 입은 중국의 사자가 동국으로 돌아와서 매우 기쁘다. 불후하게 할 일이 인연이 있어 그대에게 이르게 된 것이니, 절묘한 작품을 인색하게 하지 말아 장차 대사의 자비에 보답토록 하라"라고 하였다.

신이 비록 뛰어난 재목이 아니긴 하나[132], 돌아온 관인이 된 것[133]을 다행스럽게 여기고, 바야흐로 마음껏 재주를 부리려고 생각하던 차에 갑자기 임금이 승하하심을 당하였다[134]. 더군다나 나라에서는 불교를 중히 여기고, 집에서는 승사(僧史)를 간직하며, 법갈(法碣)이 서로 바라볼 정도이고, 선사의 비가 가장 많았다.

두루 아름다운 글을 보고 시험삼아 나머지 빠뜨린 글도 찾아보았는데, "감도 없고 옴도 없다(無去無來)"는 언설이 다투어 말(斗)로 헤아릴 정도요, '생겨남도 아니요 없어지는 것도 아니다(不生不滅)'는 담론이 논쟁을 일으키면 수레에 실을 지경이었지만, 일찍이 『춘추』에서와 같은 새로운 의미가 없었고[135], 간혹 동공(同公)의 옛문장만을 쓴 것[136]과 같았다. 이

132) 東箭 : 중국 會稽 지방에서 생산되는 竹箭. 원래 귀중한 물건이나 사람을 비유하는 말.

133) 南冠 : 중국의 초나라 종의가 남관을 쓰고 포로가 된 고사에서 온 말로, 고국을 생각하는 정이 두터운 죄인을 이른다.

134) 號弓 : 활이 소리를 냄. 神弓이 울면 나라에 변고가 생긴다는 옛 설화에서 비롯된 말. 여기서는 헌강왕의 승하를 말함.

135) 曾無魯史新意 : 공자가 지은 『春秋』는 '微言大義'를 기저로 하는데, 法碣에는 그런 의도가 담겨 있지 않다는 뜻.

136) 或用同公舊章 : 『전문』에는 '周公'. 同公의 옛 典章이란, 과거의 전통을 가리킴. 즉 사적 서술에는 과거의 전통을 계승하고 장래의 법을 밝히는 노력이 함께 병행되어야 하는데, 法碣에는 장래에 대한 안목이 결여되었다는 뜻.

로써 돌이 말하지 못함을 알았고, 도가 멀다고 운위하는 것을 더욱 체험하였다. 오직 한스러운 것은, 대사께서 돌아가신 것이 이르고 신의 귀국이 늦었다는 것이다. '애체(靉靆)[137]' 라는 두 글자를 두고 누가 지난 날을 알려줄 것인가. 소요원(逍遙園)에서처럼 설법을 하셨으나, 참다운 비결을 듣지 못하였으니, 매양 감당할 수 없는 처지임을 걱정만 하였지, 서둘러지어야 되는 것을 깨닫지 못하였다. 때가 늦음을 탄식하자면 이슬처럼 가고 서리가 내려, 근심으로 희어진 귀밑머리가 어느새 쓸쓸해지고, 도의 심원함을 말하자면 하늘같이 높고 땅처럼 두터워, 먼지끼고 낡은 몽당붓을 잡고 머뭇거릴 뿐이다. 장차 얽매임이 없는 신선놀음에 어울리고자 해야 비로소 공동산(崆峒山)처럼 아름다운 행실을 서술할 수 있을 것이다.

문인인 영상(英爽)이 와서 글을 재촉하였을 때 금인(金人)이 입[138]을 다물었던 고사에 따라 돌 같은 마음을 더욱 굳히었다. 참는 것은 뼈를 깎아내는 것보다 고통스럽고 요구는 몸을 새기는 것보다 심하였다. 그리하여 그림자와 더불어 8년 동안 세월을 보내는 동안, 말은 3번을 되풀이하여[139] 다듬었다. 저 6가지의 기이함과 6가지의 옳음을 글로 지은 것에 부끄러움이 없고 용력(勇力)을 과시하기에 여유가 있는 것은, 실로 곧 대사가 안으로 6마(魔)[140]를 소탕하고 밖으로 6폐(蔽)[141]를 제거하여, 행하면 6바라밀(波羅密)을 포괄하고 좌선하면 6신통(神通)을 증득하였기 때문이다. 일은 꽃을 따서 모은 것과 같은데, 글은 초고 없애고[142] 마무리하기가 어려웠다.

드디어 가시나무를 쳐내지 않는 것과 같게 되었으니, 쭉정이와 겨가 앞에 있음이 부끄럽다. 자취가 '궁전에서의 놀음'[143]을 따랐으매, 누구인들 '월지궁에서의 아름다운 대면'을 우러르지 않겠는가. 게(偈)는 백량(柏梁)[144]의 7언구(言句)를 본받았으니, 바라건대 해 뜨는 곳

---

137) 靉靆 : 옛날에 한 사미가 『법화경』을 읽는데, 항상 '靉靆'라는 두 글자를 빠뜨리므로, 그 스승이 책망하였는데, 스승의 꿈에 한 승려가 나타나 말하기를, "사미가 전생에 가졌던 『법화경』에 그 두 글자가 좀 먹었기 때문에 항상 잊는 것이다"라고 하였다는 고사에서 유래. 곧 최치원이 대사에게 質正할 수 없게 되어 한스럽다는 뜻.

138) 金口 : 말을 삼가야 한다는 '金人三緘'의 고사. 공자가 周의 태조 后稷氏의 사당에 들렀을 때, 오른쪽 계단 앞에 金人이 있었는데, 그 입은 세 번 봉해졌고, 등에는 "옛날에 말을 삼갔던 사람이다. 이를 경계하고 경계하라"라고 새겨졌다 함.

139) 言資三復 : 三復은 하루에 세 번씩이나 白圭의 시를 읊었다는 고사에서 유래. 곧 언어를 삼감을 이름.

140) 內蕩六魔 : 마음으로 인간의 심성을 해치는 六識의 對象界 6가지를 소탕함. 6魔는 6塵이니, 곧 色·聲·香·味·觸·法을 말함.

141) 外除六蔽 : 몸으로 6바라밀을 해치는 여섯 가지를 제거함. 6폐는 ①보시를 해치는 慳貪, ②계행을 해치는 파계, ③忍辱을 해치는 瞋恚, ④精進을 해치는 懈心, ⑤禪定을 해치는 散亂, ⑥지혜를 해치는 愚癡이다.

142) 文難削藁 : 비문이 초고 없애는 것을 어렵게 함. 즉, 임금에게 비문을 올리고 그 초고를 없앨 만큼 흡족하지 않다는 말. 옛 사람들은 章奏文 또는 서간문이 완성되면, 이를 임금께 올리거나 상대방에게 보낸 뒤 초고를 없애버렸는데, 그것은 대개 누설을 막기 위함이었다고 한다.

143) 蘭殿之遊 : 양 무제와 달마가 함께 正殿인 난전에서 놀았던 일.

144) 栢梁之作 : 栢은 柏의 속자임. 백량은 한 무제가 축조한 대의 명칭으로, 낙성하는 날 군신을 모아 시를 지어 축하한 것을 따서 쓴 것이다. 최치원은 「賀內宴仍給百官料錢狀」(『桂苑筆耕集』 권6)에서

의 고상한 말로 널리 전해지기를 기대한다.

분황사의 승 혜강(慧江)[145]이 나이 83세에 글씨를 쓰고 아울러 글자를 새기다. 원주인 대덕 능선(能善)[146] · 통준(通俊), 도유나(都唯那)인 현일(玄逸) · 장해(長解) · 명선(鳴善), 또 시주로서 갈(碣)을 세웠으며 서□대장군(西□大將軍)으로 자금어대(紫金魚袋)를 착용한 소판(蘇判) 아질미(阿叱彌)[147], 가은현장군(加恩縣將軍) 희필(熙弼), 당현(當縣)(마멸).

용덕(龍德) 4년(924) 세차(歲次) 갑신(甲申) 6월 일에 건립을 마치다.

[참고문헌]

조선총독부 편, 1919, 『조선금석총람』 상, 아세아문화사 영인본.

성균관대학교 대동문화연구원 발행, 1982(재판), 『최문창후전집』.

최준옥 편, 1982, 『국역 고운선생문집』하, 보련각.

한국고대사회연구소 편, 1992, 『역주 한국고대 금석문』 제3권 신라 · 발해편.

봉암사 동암 정광 편집, 1992, 『지증대사비명소고』, 경서원.

김지견, 1994, 『사산비명집주를 위한 연구』, 한국정신문화연구원.

이지관 편, 1994, 『교감역주 역대고승비문』 1(신라편), 가산불교문화연구원.

이우성 교역, 1995, 『신라 사산비명』, 아세아문화사.

한국역사연구회편, 1996, 『역주 나말여초금석문』하, 혜안.

최영성, 1998, 『역주 최치원전집』 1(사산비명), 아세아문화사.

이상현 옮김, 2009, 『고운집』, 한국고전번역원.

김복순, 2008, 「고려의 최치원 만들기-지증대사비의 건립을 중심으로-」, 『신라문화』 32.

이인재, 2005, 「선사 긍양(878~956)의 생애와 대장경」, 『한국사연구』 131.

황선영, 1995, 「금석문에 보이는 신라 하대의 문산계」, 『부산사학』 29.

황선영, 2000, 「신라 말기 최치원의 관계와 관직에 대하여」, 『한국중세사연구』 9.

이현숙, 1992, 「신라말 어대제의 성립과 운용」, 『사학연구』 43 · 44합집.

남동신, 2002, 「나말여초 전환기의 지식인 최치원」, 『강좌 한국고대사』 8.

조범환, 2006, 「최치원의 재당활동과 귀국」, 『이화사학연구』 33.

도 "將廻大駕 致柏梁之高宴"으로 쓰고 있다.

145) 慧江 : 신라말 분황사의 刻字僧으로, 83세에 이 비의 글씨를 쓰고 새겼는데, 이미 45세에 「홍각선사비」도 새겼다.

146) 能善 : 924년 봉암사의 원주대덕으로 지증대사비를 주도적으로 세웠을 뿐 아니라, 944년에는 흥녕사의 寺主를 지냈음이 「징효대사탑비」에 나오고 있다. 특히 935년 6월 견훤이 고려에 항복할 의사를 알려오자, 고려 측 사신단의 일원으로 나오는 能宣과 같은 인물로 보여 신라 출신 친고려계 승려로 이해된다.

147) 阿叱彌 : 견훤의 아버지로 비정되는 인물로, 이미 918년 이후 고려에 귀부해 있었다.

僧報公以佛乃鑄丈六玄金像
老矣佛孫朱禪悅豈徒並手我
師金八元金咸迎[illegible]及正法大
召曰汝忠間大師刃餘慶慧燈
粤則截鳥翅撤雲水帶百[illegible]
又標壘屢城芳賜勝為鳳嚴真
深之論乃注心雜足灑翰鶴頭
粱璿臨玉浩之心[illegible]大師倚帝

金福順

고려대학교 사학과 졸업
고려대학교 문학석사
고려대학교 문학박사
현 동국대학교 국사학과 교수

韓國金石文集成 (11)

초판 인쇄일 : 2012년 2월 15일
초판 발행일 : 2012년 2월 20일

編　著 : **金福順**
발행처 : **韓國國學振興院**
경북 안동시 도산면 퇴계로 1997
Tel : (054)851-0700　　Fax : (054)851-0729
인쇄처 : (株)圖書出版 **書藝文人畵**
Tel : (02)732-7096~7　　Fax : (02)738-9887

출판등록 제36호

ISBN 978-89-6178-106-0(94010)
89-952930-0-4(세트)

값 20,000원

韓國金石文集成(11)

新羅7 碑文7(圖錄篇)

金福順 編著

韓國國學振興院
青溟文化財團

목 차

一、鳳巖寺 智證大師寂照塔碑

鳳巖寺 智證大師寂照塔碑 · 1

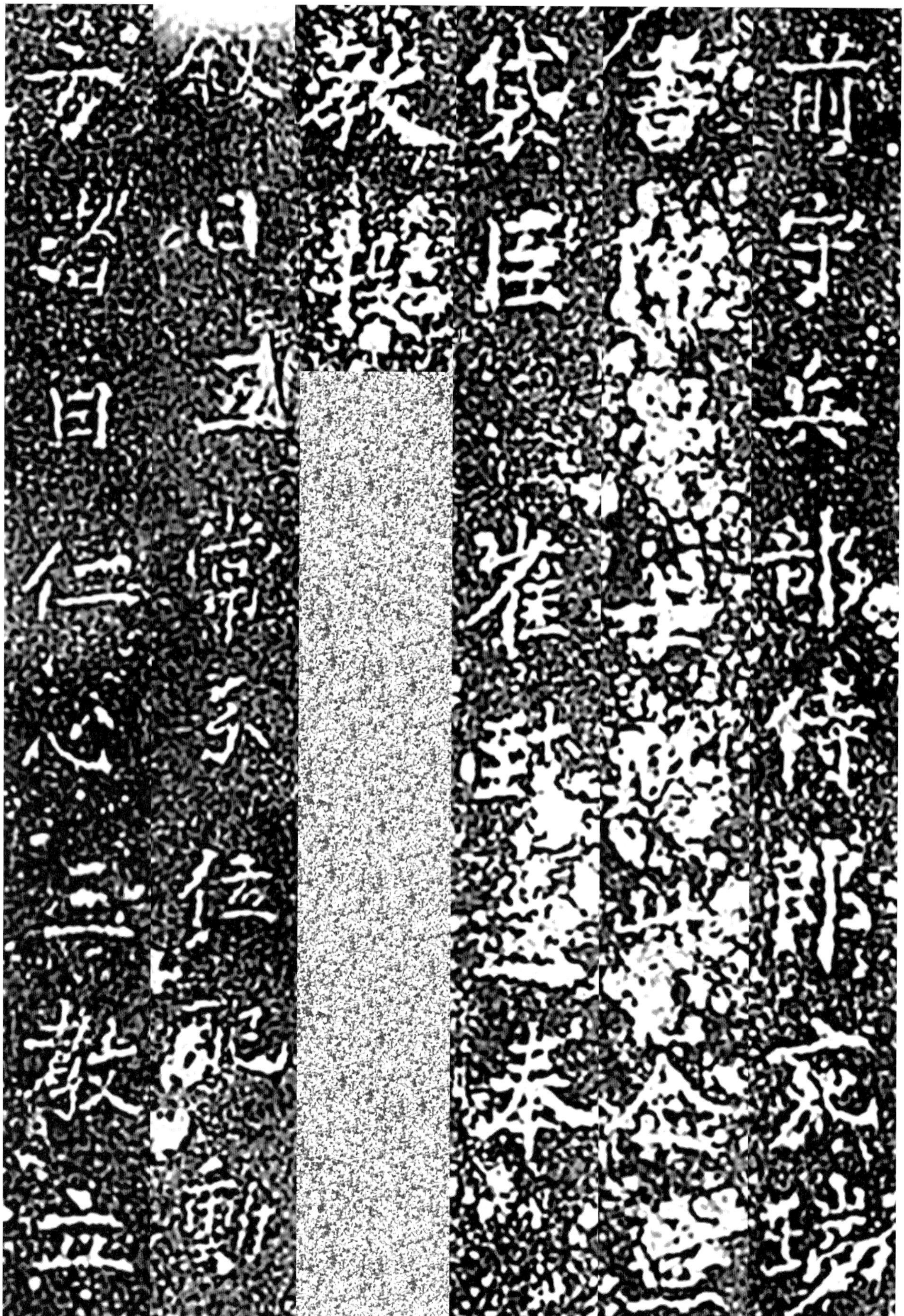

鳳巖寺 智證大師寂照塔碑 · 2

鳳巖寺 智證大師寂照塔碑・3

鳳巖寺 智證大師寂照塔碑 · 4

鳳巖寺 智證大師寂照塔碑 · 5

鳳巖寺 智證大師寂照塔碑 · 6

鳳巖寺 智證大師寂照塔碑 · 7

衛陵東入向
鸞何處處于我如康
會南停時遇樂菩薩
帝文風泰一春我
法興王制律條八載

鳳巖寺 智證大師寂照塔碑 · 8

鳳巖寺 智證大師寂照塔碑 · 9

鳳巖寺 智證大師寂照塔碑 · 10

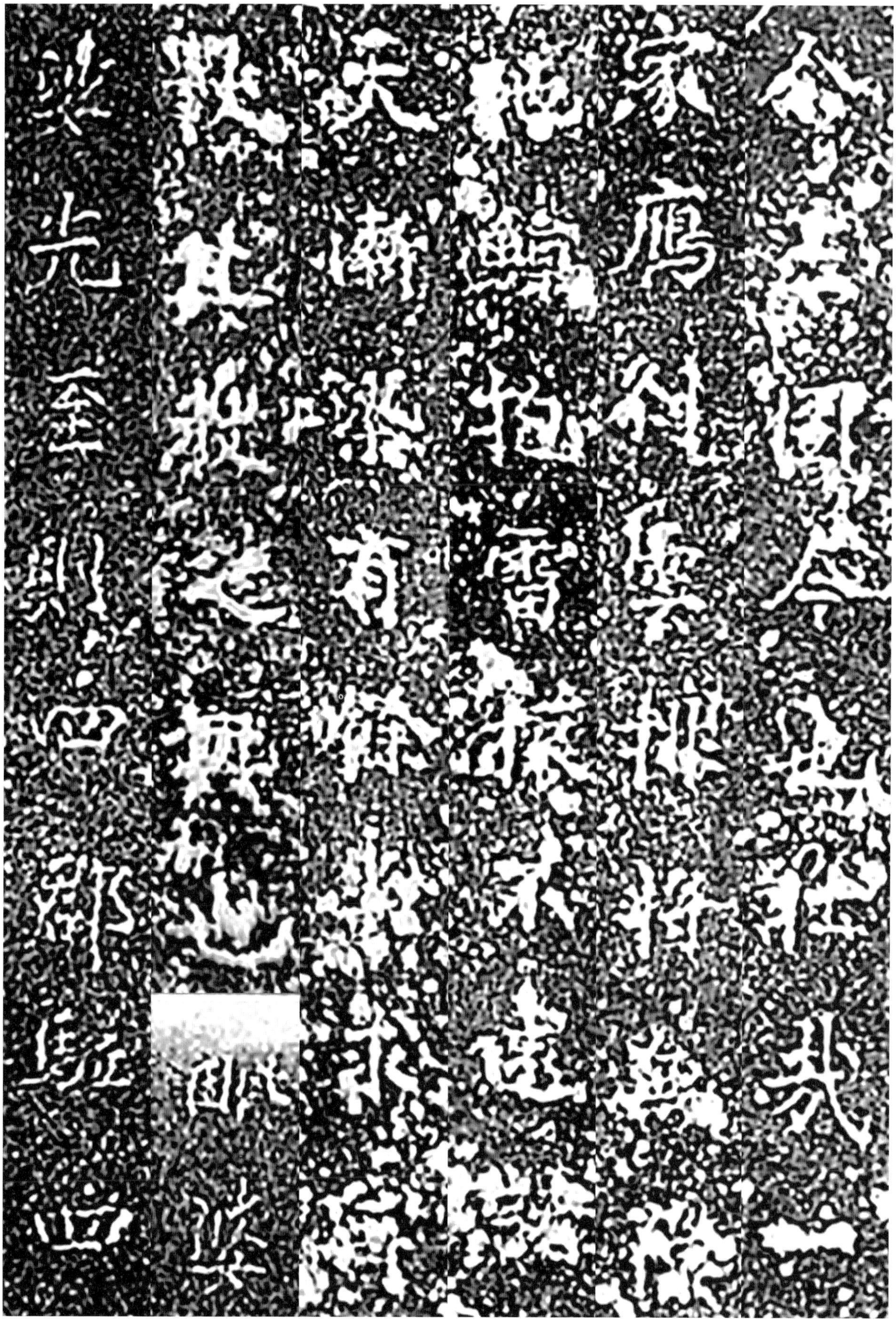

鳳巖寺 智證大師寂照塔碑 · 11

鳳巖寺 智證大師寂照塔碑 · 12

鳳巖寺 智證大師寂照塔碑 · 13

鳳巖寺 智證大師寂照塔碑 · 14

鳳巖寺 智證大師寂照塔碑 · 15

鳳巖寺 智證大師寂照塔碑 · 16

鳳巖寺 智證大師寂照塔碑 · 17

鳳巖寺 智證大師寂照塔碑 · 18

鳳巖寺 智證大師寂照塔碑 · 19

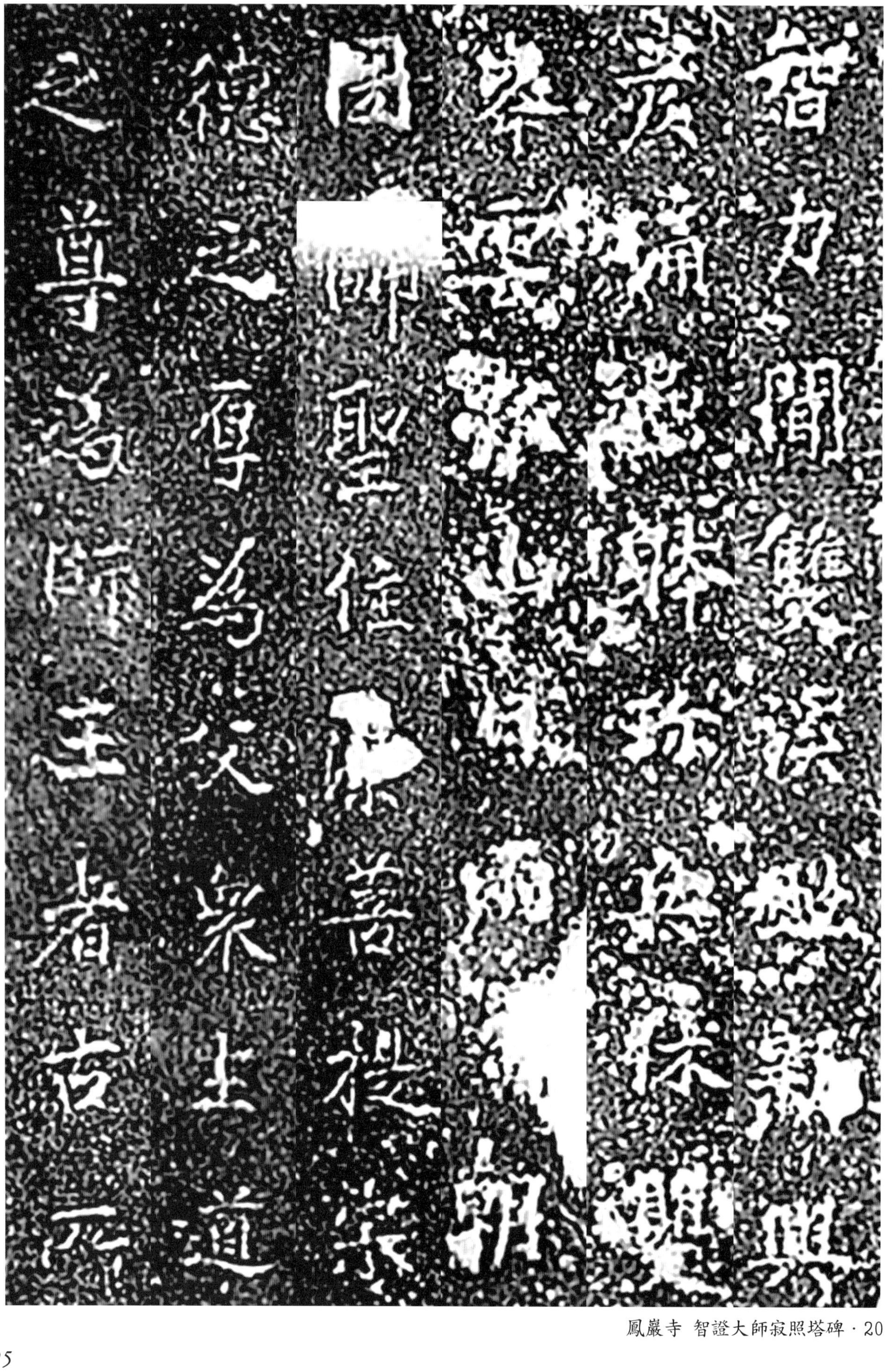

鳳巖寺 智證大師寂照塔碑·20

鳳巖寺 智證大師寂照塔碑 · 21

鳳巖寺 智證大師寂照塔碑 · 22

鳳巖寺 智證大師寂照塔碑 · 23

鳳巖寺 智證大師寂照塔碑 · 24

鳳巖寺 智證大師寂照塔碑 · 25

鳳巖寺 智證大師寂照塔碑 · 26

鳳巖寺 智證大師寂照塔碑 · 27

鳳巖寺 智證大師寂照塔碑 · 28

鳳巖寺 智證大師寂照塔碑 · 29

鳳巖寺 智證大師寂照塔碑 · 30

鳳巖寺 智證大師寂照塔碑 · 31

鳳巖寺 智證大師寂照塔碑 · 32

鳳巖寺 智證大師寂照塔碑 · 33

鳳巖寺 智證大師寂照塔碑 · 34

鳳巖寺 智證大師寂照塔碑 · 35

鳳巖寺 智證大師寂照塔碑 · 36

鳳巖寺 智證大師寂照塔碑 · 37

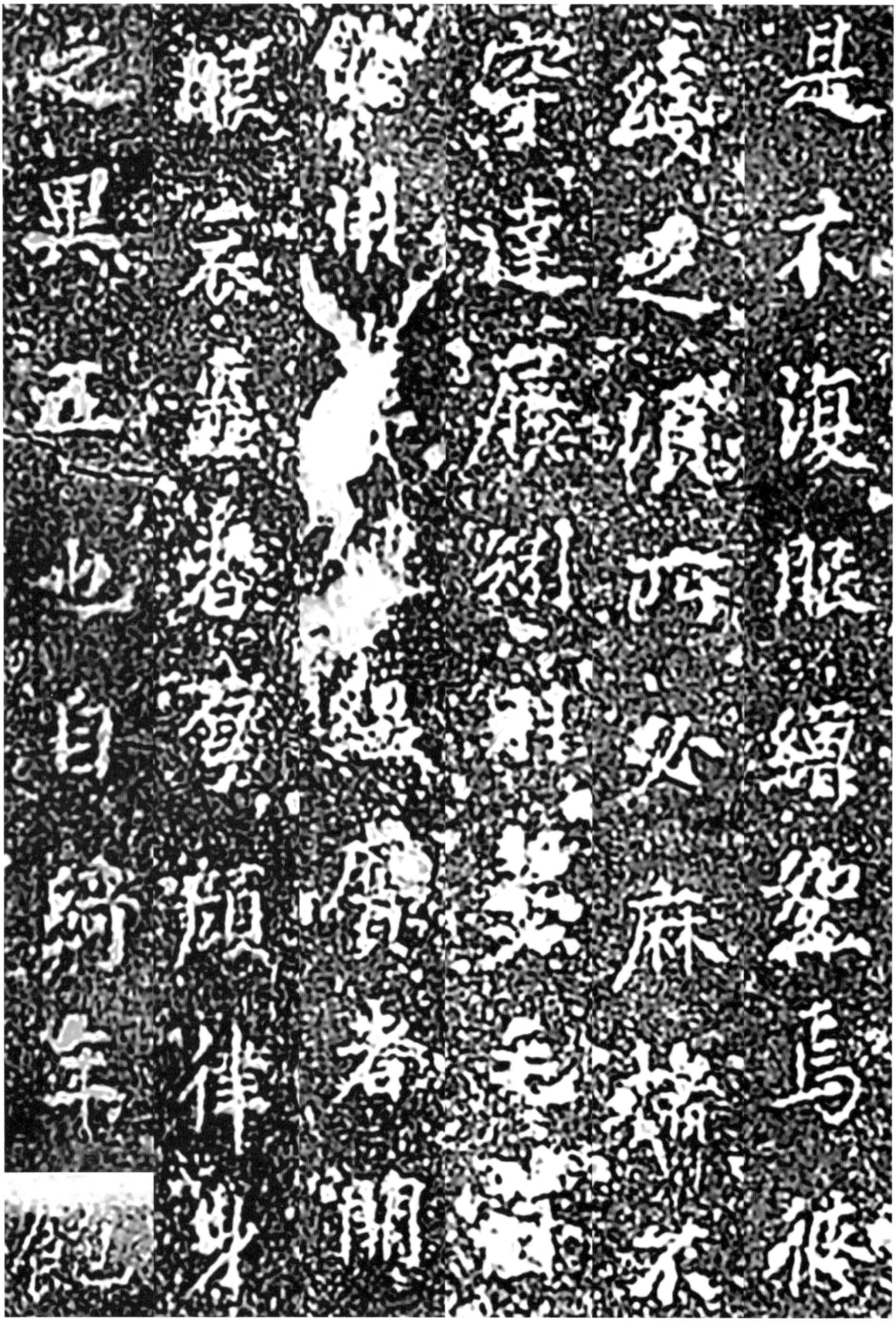

鳳巖寺 智證大師寂照塔碑 · 38

鳳巖寺 智證大師寂照塔碑 · 39

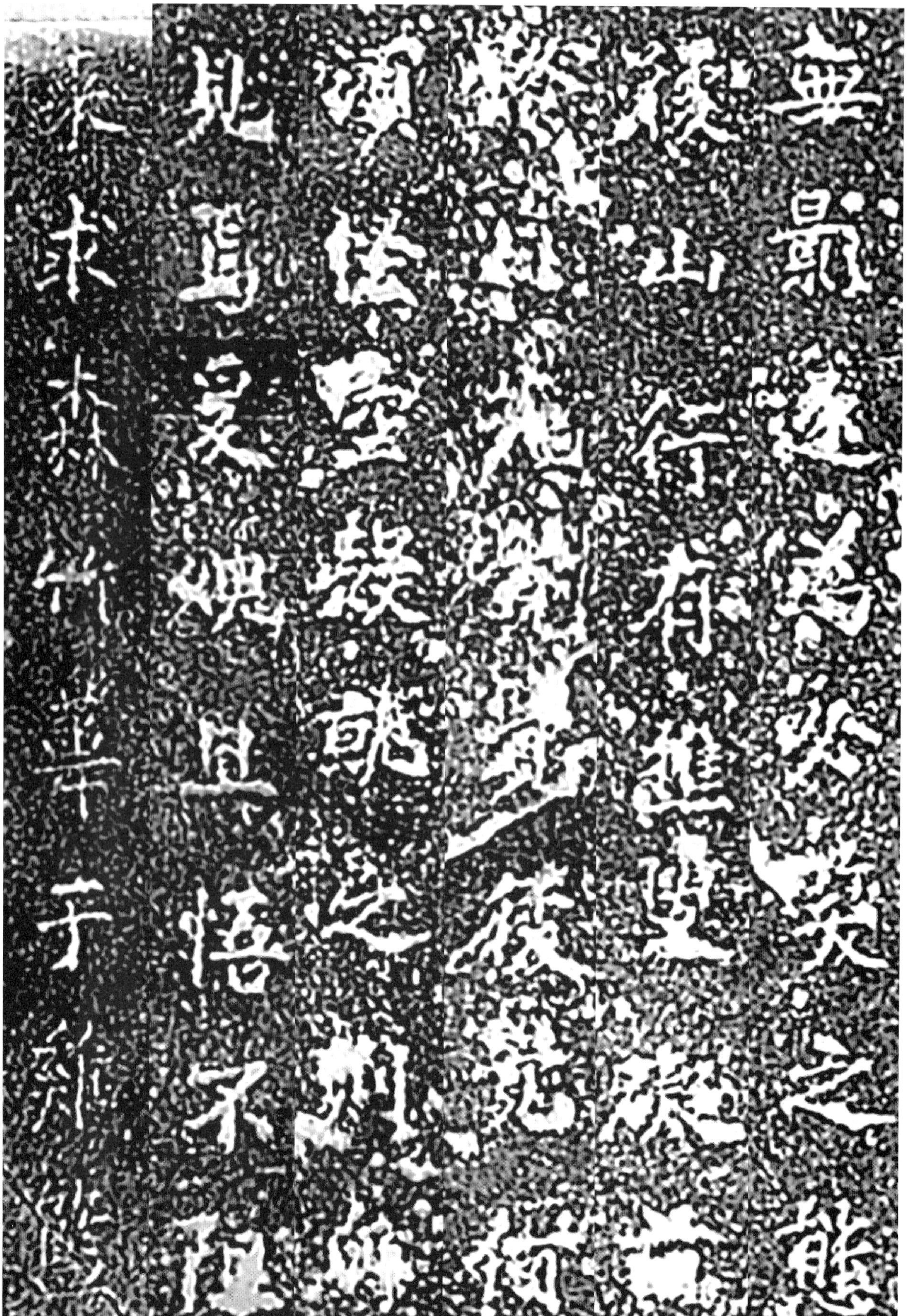

鳳巖寺 智證大師寂照塔碑 · 40

[illegible]永庇寺儀上乘他
所目不暫為使能逃
是貴使僧寵者三者
營覺者九恩垂訓之
異矣也贈大師景文
大王心融[illegible][illegible]面[illegible]

鳳巖寺 智證大師寂照塔碑 · 41

鳳巖寺 智證大師寂照塔碑 · 42

鳳巖寺 智證大師寂照塔碑 · 43

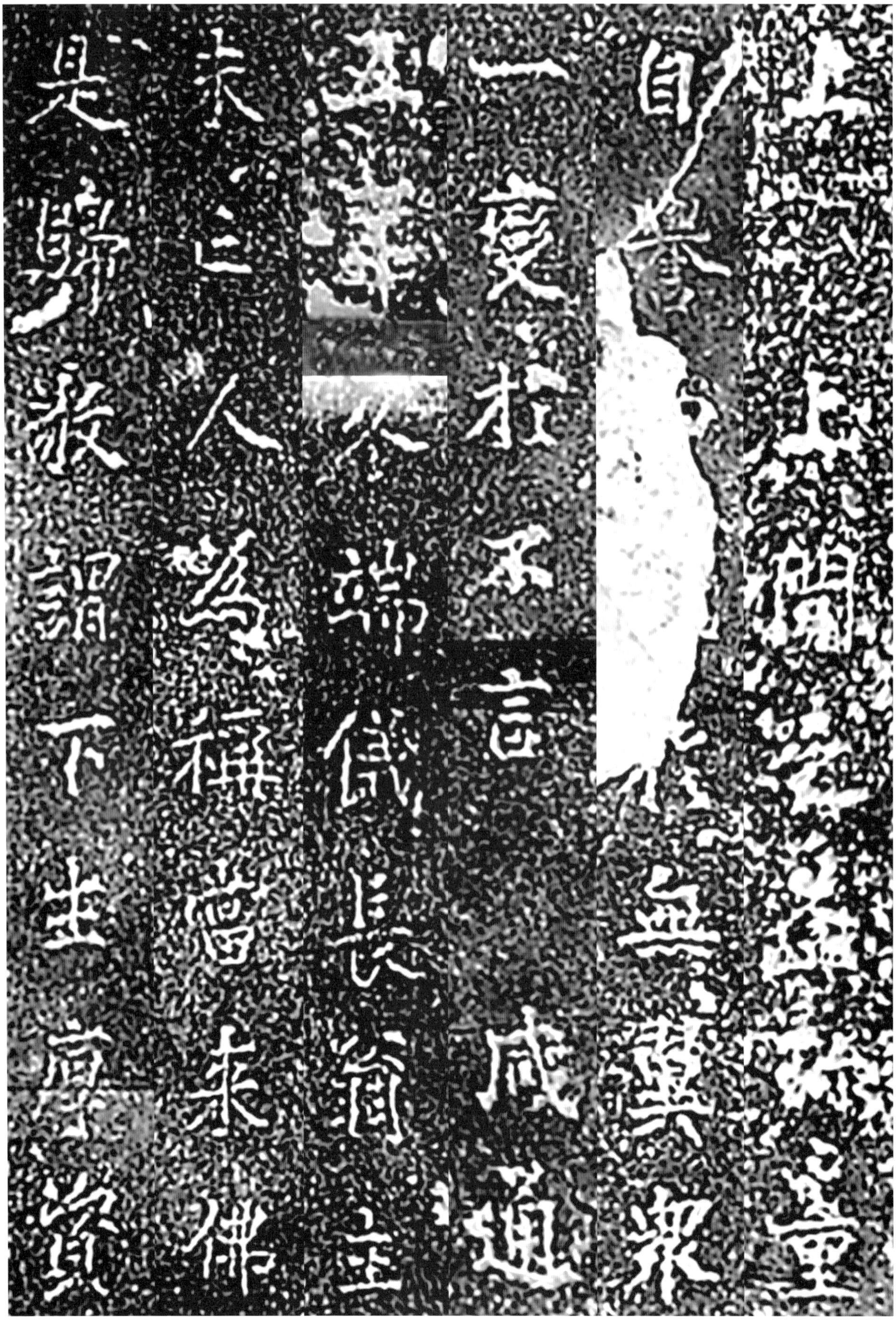

鳳巖寺 智證大師寂照塔碑 · 44

鳳巖寺 智證大師寂照塔碑 · 45

鳳巖寺 智證大師寂照塔碑 · 46

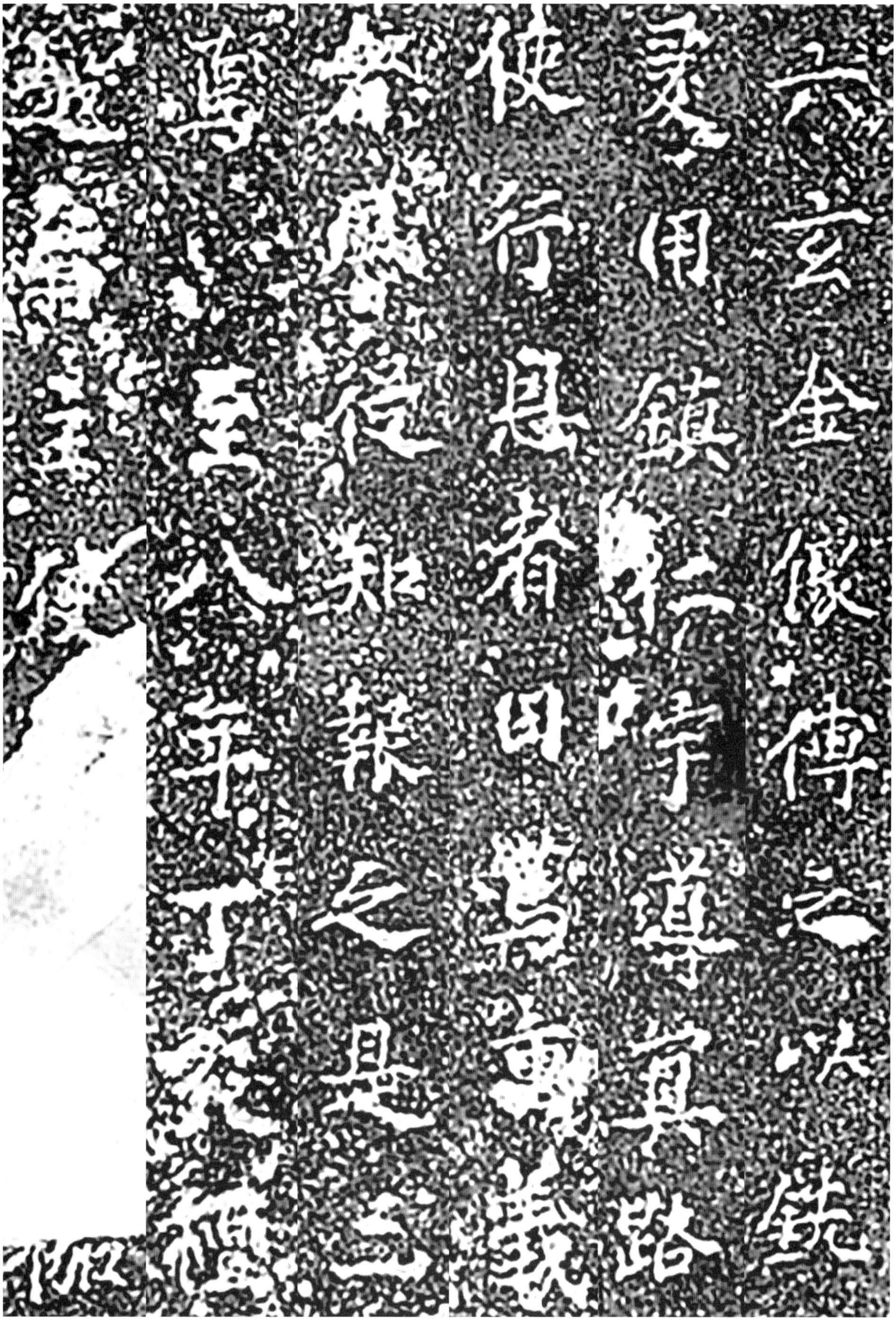

鳳巖寺 智證大師寂照塔碑 · 47

鳳巖寺 智證大師寂照塔碑 · 48

鳳巖寺 智證大師寂照塔碑 · 49

鳳巖寺 智證大師寂照塔碑 · 50

鳳巖寺 智證大師寂照塔碑 · 51

鳳巖寺 智證大師寂照塔碑 · 52

鳳巖寺 智證大師寂照塔碑 · 53

鳳巖寺 智證大師寂照塔碑 · 54

鳳巖寺 智證大師寂照塔碑 · 55

鳳巖寺 智證大師寂照塔碑 · 56

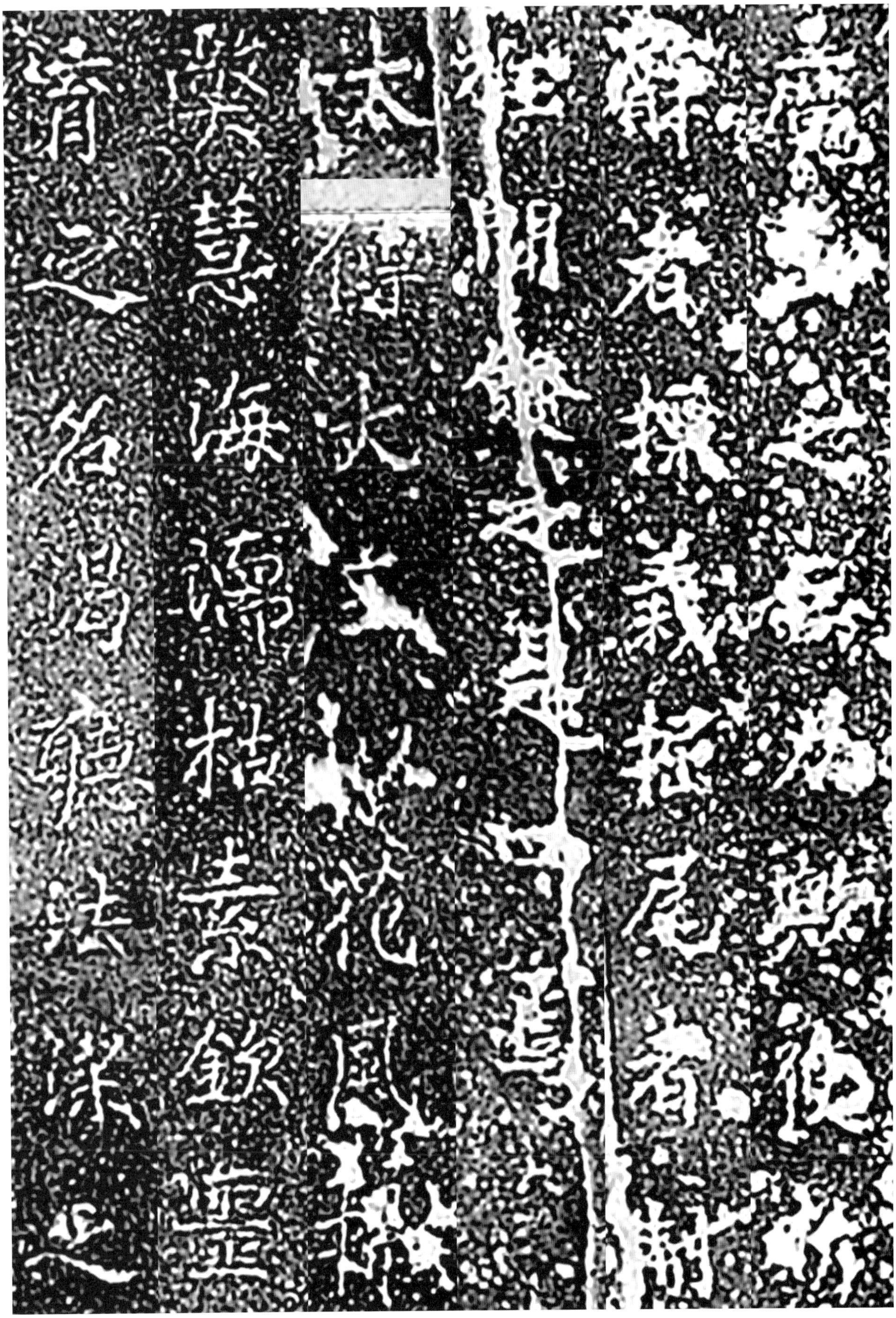

鳳巖寺 智證大師寂照塔碑 · 57

鳳巖寺 智證大師寂照塔碑 · 58

鳳巖寺 智證大師寂照塔碑 · 59

鳳巖寺 智證大師寂照塔碑 · 60

鳳巖寺 智證大師寂照塔碑 · 61

鳳巖寺 智證大師寂照塔碑 · 62

鳳巖寺 智證大師寂照塔碑 · 63

鳳巖寺 智證大師寂照塔碑・64

鳳巖寺 智證大師寂照塔碑 · 65

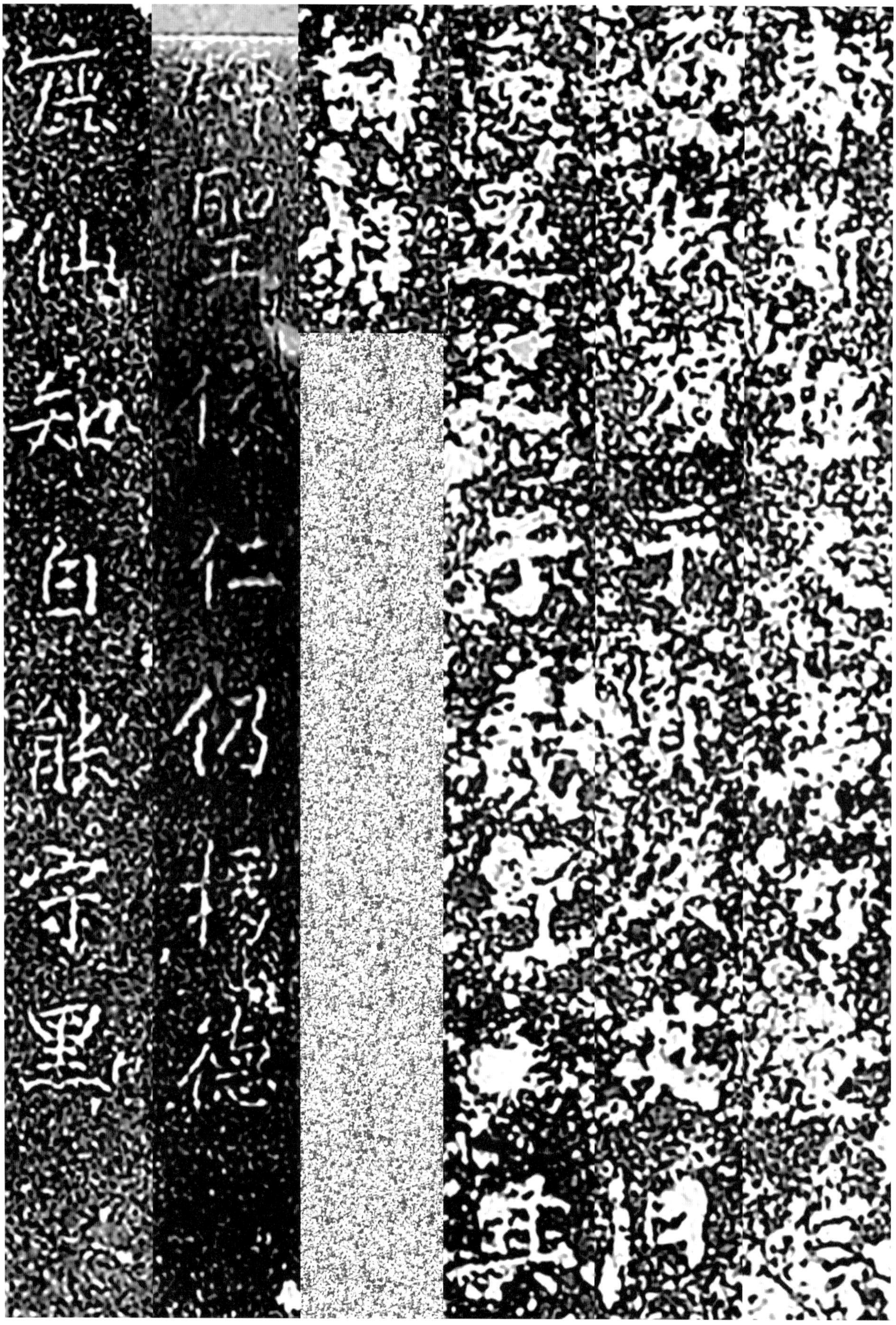

鳳巖寺 智證大師寂照塔碑 · 66

鳳巖寺 智證大師寂照塔碑 · 67

鳳巖寺 智證大師寂照塔碑 · 68

鳳巖寺 智證大師寂照塔碑·69

鳳巖寺 智證大師寂照塔碑 · 70

鳳巖寺 智證大師寂照塔碑 · 71

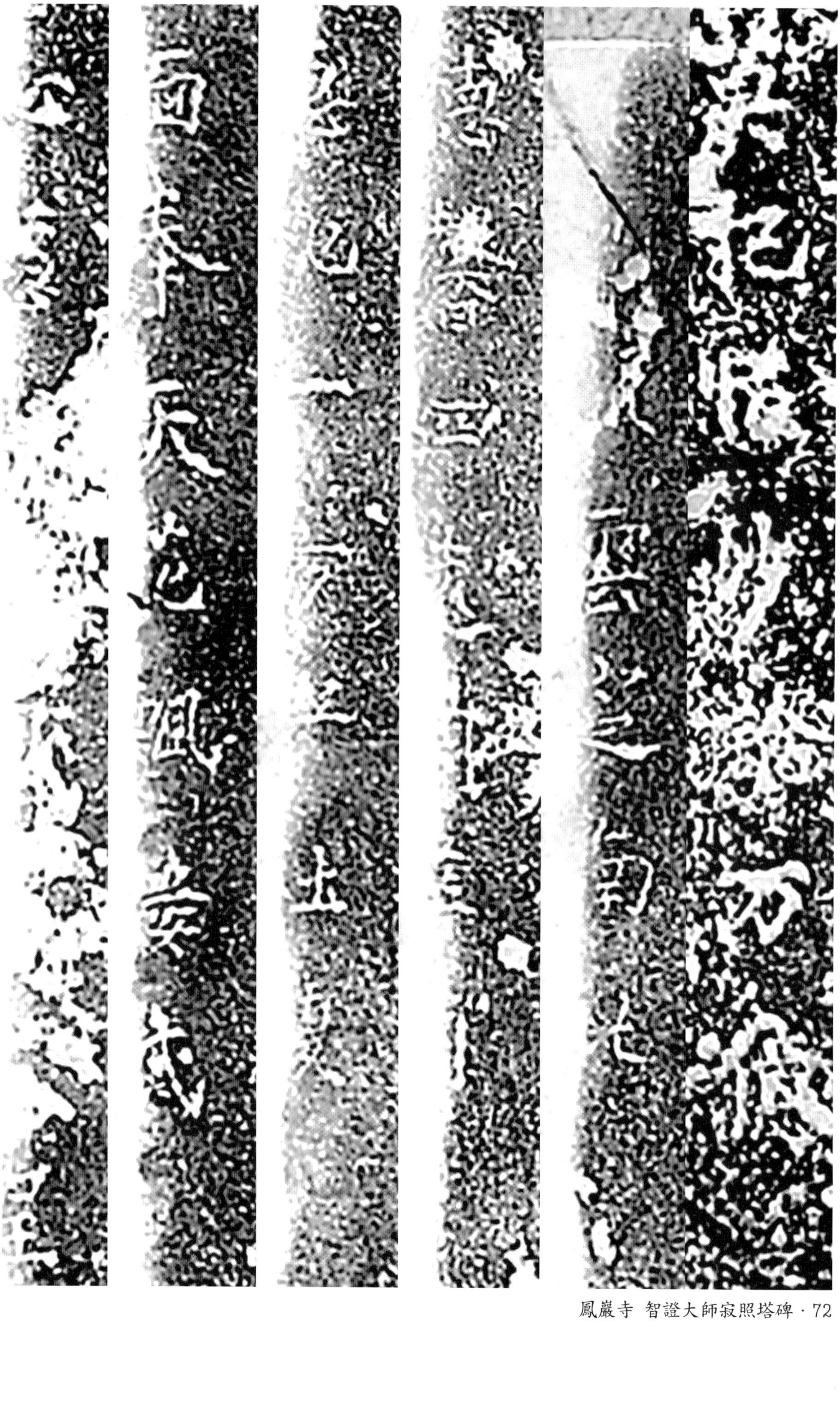

鳳巖寺 智證大師寂照塔碑 · 72

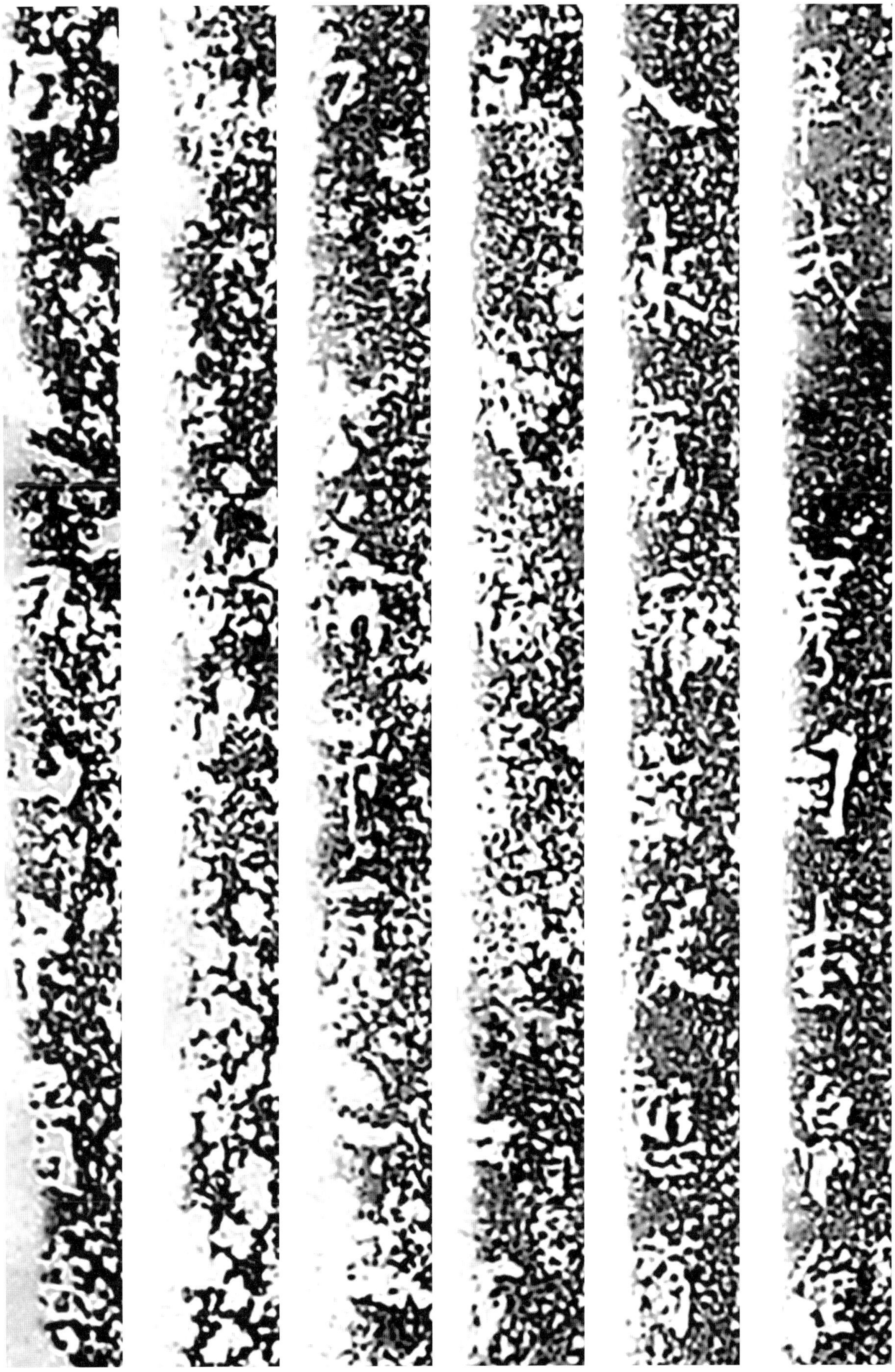

鳳巖寺 智證大師寂照塔碑 · 73

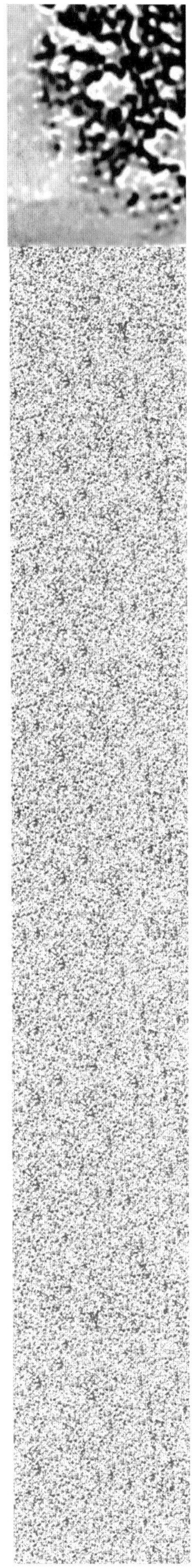

鳳巖寺 智證大師寂照塔碑 · 74

<鳳巖寺 智證大師寂照塔碑 陰記>

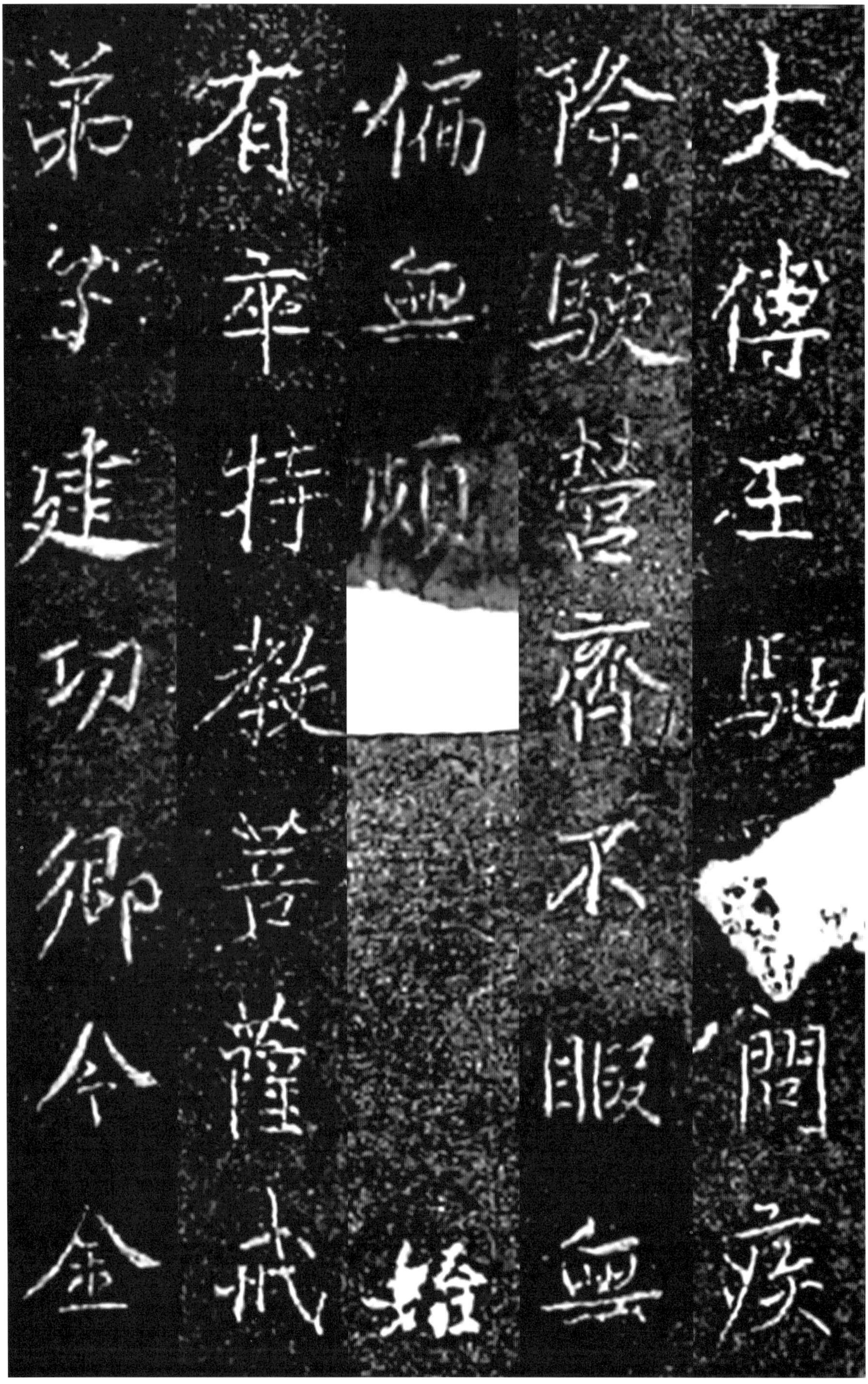

鳳巖寺 智證大師寂照塔碑 · 75

鳳巖寺 智證大師寂照塔碑 · 76

鳳巖寺 智證大師寂照塔碑 · 77

鳳巖寺 智證大師寂照塔碑 · 78

人狀賜手敎曰
緣禍東師俗悲還
化繡衣西使深善
衆還不拘之爲有
緣而至無係外累

鳳巖寺 智證大師寂照塔碑 · 80

鳳巖寺 智證大師寂照塔碑 · 81

鳳巖寺 智證大師寂照塔碑 · 82

之去遠難懊師
化去早隱
來逢靈靈字誰皆
前日道邊義不聞
真友無憂傷手莫

鳳巖寺 智證大師寂照塔碑 · 83

鳳巖寺 智證大師寂照塔碑 · 84

之美有門人英爽
來趣愛峯金口是
資石心彌固忍踰
剃骨求甚剝身歲
律人冬言資三復

鳳巖寺 智證大師寂照塔碑 · 86

鳳巖寺 智證大師寂照塔碑 · 87

鳳巖寺 智證大師寂照塔碑 · 88

鳳巖寺 智證大師寂照塔碑 · 89

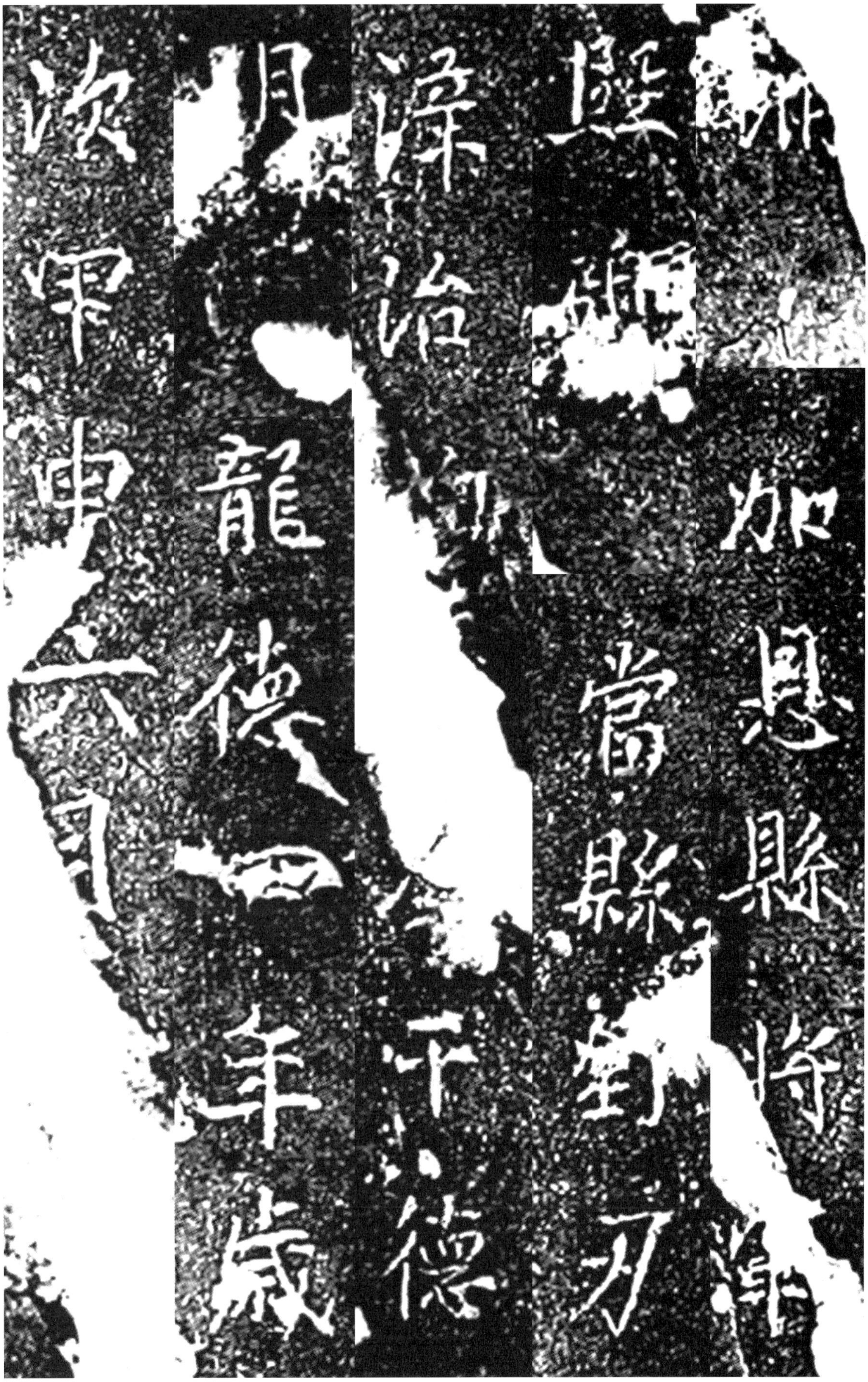

鳳巖寺 智證大師寂照塔碑 · 90

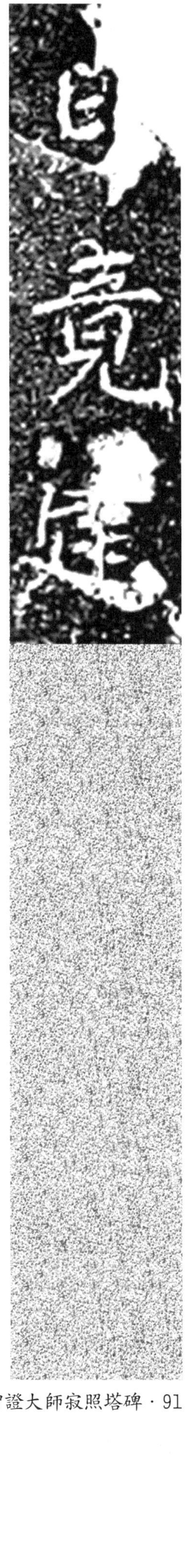

鳳巖寺 智證大師寂照塔碑 · 91